Freud pour les parents

Jean-Claude Liaudet

Freud pour les parents

L'ARCHIPEL

Si vous souhaitez entrer en contact avec l'auteur :

jeanclaude.liaudet@wanadoo.fr

ISBN 978-2-266-16829-8

« Il existe devant l'enfant une tendance à suspendre toutes les acquisitions culturelles dont on a extorqué la reconnaissance à son propre narcissisme, et à renouveler à son sujet la revendication de privilèges depuis longtemps abandonnés. L'enfant aura la vie meilleure que ses parents, il ne sera pas soumis aux nécessités dont on a fait l'expérience qu'elles dominaient la vie : maladie, mort, renonciation de jouissance, restrictions à sa propre volonté ne vaudront pas pour l'enfant, les lois de la nature comme celles de la société s'arrêteront devant lui, il sera réellement à nouveau le centre et le cœur de la création. His Majesty the Baby, *comme on s'imaginait être jadis. »*

Pour introduire le narcissisme,
Sigmund Freud

Sommaire

III ÊTRE PARENT AVEC FREUD

Avant-propos

La psychanalyse est connue : on a entendu parler du complexe d'Œdipe et du refoulement, du stade oral et du stade anal. La psychanalyse est toujours méconnue : pour peu que l'on croie à la marche irréversible du progrès, on peut trouver que les nouvelles sciences, neuronale ou cognitiviste, sont plus sérieuses… et voilà que l'on est prêt à ne plus croire à l'inconscient… comme si c'était une question de croyance !

La psychanalyse, en effet, n'est pas affaire de religion. Il n'est pas question d'y prêter foi ou non, mais d'estimer si le savoir qu'elle a construit est vrai, et si sa pratique est pertinente. La question se pose encore aujourd'hui, comme du temps de Freud. Lui-même, faisant le bilan de sa vie, déclarait : « *En essayant de soulager mes patients névrosés, j'ai découvert des faits nouveaux et importants sur l'inconscient. De ces découvertes est née une nouvelle science. J'ai dû payer le prix fort pour ce petit bout de chance. La résistance a été forte et implacable. Finalement j'ai réussi.* » Et il ajoutait : « *Mais la lutte n'est pas encore finie.* » En effet.

Aujourd'hui que la psychiatrie clinique est en voie de disparition, que l'on classe les patients selon leurs symptômes sans chercher les causes de leur souffrance, que l'on a le projet de ficher les futurs délinquants dès la maternelle ; en bref, aujourd'hui que les autorités soignantes développent le contrôle social et comptent réduire les symptômes à coup de drogues sans en chercher le sens, la psychanalyse redevient plus clairement ce qu'elle a toujours été : une défense de l'humanisme. Dans le débat de société actuel, elle a plus que jamais un rôle à jouer.

Encore faut-il pouvoir juger sur pièces ! C'est une des intentions de ce livre : offrir au grand public une synthèse de la psychanalyse qui lui permette de se forger une opinion.

L'objectif premier est cependant plus pratique. En décrivant l'inconscient et ses mécanismes de fonctionnement, en retraçant l'évolution de l'enfant, j'ai cherché à livrer les clés qu'apportent Freud et la psychanalyse pour comprendre les enfants. Je m'adresse donc avant tout aux parents qui s'interrogent sur leur éducation (et également aux professionnels qui sont en relation avec eux : éducateurs, assistantes maternelles, enseignants...). C'est pourquoi ce livre propose de parcourir tous les âges de l'enfance : ceux de la conception, du biberon et du sevrage, de la marche, des émois œdipiens, du temps d'apprentissage de la phase de latence, de l'adolescence.

Il serait contraire à l'idée psychanalytique de suggérer des recettes. On trouvera plutôt ici un ensemble de repères pour construire une façon personnelle de découvrir son enfant, ses désirs et ses craintes, de l'aider à grandir et à devenir autonome. On constatera sans doute que, pour le comprendre, il faut s'identifier à lui, et donc comprendre l'enfant que l'on a été (et que l'on est toujours). C'est pourquoi, d'une certaine manière, ce livre s'adresse également aux adultes, qui ont été enfants un jour !

I

FREUD,
OU L'ENFANCE RETROUVÉE

1

La vie de Freud et les débuts de la psychanalyse

LES ANNÉES D'APPRENTISSAGE. – L'ENTRÉE DANS LA VIE. – LES DÉBUTS DE LA PSYCHANALYSE : LA SUGGESTION ET LA CATHARSIS. – L'AUTO-ANALYSE. – RÊVE, ENFANCE, ET SEXUALITÉ. – LES DÉBUTS DE LA PSYCHANALYSE D'ENFANT. – LES DÉVELOPPEMENTS DE LA PSYCHANALYSE. – FIN DE VIE SOUS LA PESTE BRUNE.

Freud naquit le 6 mai 1856, à Freiberg, petite ville de Moravie[1] comptant 4 000 habitants, dont 130 juifs. Son cordon ombilical lui entourait le cou, ce qu'Amalia, sa jeune mère[2], interpréta comme un signe faste. Toute sa vie, jusqu'à sa mort en 1930, elle le verra comme son *goldener Sigi* (son Sigi en or), alors qu'il

1. Aujourd'hui partie orientale de la République tchèque.
2. Elle n'avait pas vingt ans au moment de sa naissance.

avait soixante-quatorze ans. Il semblerait qu'il ait découvert à sa disparition combien elle avait régné sur sa vie. On la décrit comme une femme vivante et alerte, belle en ses jeunes années et féminine jusqu'à son dernier jour. Dix mois avant la naissance de Sigi, elle avait épousé Jacob Freud, un veuf de vingt ans son aîné.

Jacob donna à son troisième fils le prénom de son père récemment décédé. Il avait deux enfants d'un précédent mariage, dont l'aîné, Philippe, avait l'âge de sa nouvelle femme. Il inscrivit dans la bible familiale :

> *Mon fils Schlomo Sigmund est né mardi le premier jour du mois d'Iar (5) 616 à six heures et demie de l'après-midi = 1856.*

Un prénom juif, Salomon, pour la tradition, et un germanique, Sigismond, pour l'intégration. Jacob était né dans le shtetl[1] de Tysmenitz, en Galicie. Marchand colporteur, il avait connu la condition juive des temps classiques. Ce n'est qu'en 1848 que l'Autriche avait aboli les ghettos et émancipé les juifs. Si peu de temps avant la naissance de Schlomo Sigmund !

L'enfant ne passa que ses trois premières années dans la petite ville campagnarde. À soixante-quinze ans, voici ce qu'il en écrira :

Sous d'épais sédiments, continue toujours à vivre en moi l'enfant heureux de Freiberg, le fils premier-né

1. Village juif, typique de la vie juive traditionnelle en Europe centrale et de l'Est avant la Seconde Guerre mondiale.

d'une mère toute jeune, qui a reçu de cet air et de ce sol ses premières impressions ineffaçables[1].

Les années d'apprentissage

La famille de Sigmund s'installa à Vienne, dans le quartier juif de Leopoldstadt, où il vivra jusqu'au moment d'aller à l'université, de l'autre côté du Danube. C'est sur cette autre rive, lors d'une promenade au Prater, lieu de flânerie pour l'aristocratie de la ville, que Jacob fit à son fils un récit que l'on peut qualifier de fondateur :

> *Lorsque j'étais jeune homme, je suis allé me promener dans la rue un samedi, dans l'endroit où tu es né, bien habillé, avec un bonnet de fourrure neuf sur la tête. Alors un chrétien vient dans ma direction, d'un coup me dépouille de mon bonnet et l'envoie dans la boue en criant : « Juif ! Descends du trottoir ! »*
>
> *— Et qu'as-tu fait ?*
>
> *— Je suis allé sur la chaussée et j'ai ramassé le bonnet » fut la réponse résignée.*
>
> *Cela ne me sembla pas héroïque de la part du grand homme fort qui me conduisait par la main, moi le petit. J'opposais à cette situation qui ne me satisfaisait pas une autre, qui correspondait mieux à mes sentiments : la scène dans laquelle le père d'Hannibal, Hasdrubal, fait*

1. Lettre au maire de Pribor, in *Correspondance 1873-1939*, Gallimard, 1966.

jurer à son fils, devant l'autel domestique, de prendre vengeance sur les Romains. Depuis, Hannibal avait une grande place dans mes fantasmes[1].

Hannibal, héros sémite de l'Antiquité, rêve de venger Carthage détruite par les Romains. Depuis l'Espagne, il marche sur Rome qu'il menace jusqu'en 211 av. J.-C. – comme Freud envahit Vienne avec sa théorie révolutionnaire. Hannibal, après bien des péripéties, ne parvient pas à son but ; il se suicide en 183 av. J.-C. Freud aura toujours le sentiment que sa théorie n'est pas admise, et qu'elle est menacée – tradition que certains psychanalystes d'aujourd'hui poursuivent, quand ils estiment être le dernier pré carré de la vérité menacée…

Pourtant, tout en restant fidèle à sa naissance, Freud ne revendique pas son identité. Comme les jeunes beurs d'aujourd'hui, il se trouve pris dans un moment de transition qui le plonge dans une contradiction dont il essaiera toujours de faire une richesse. Son grand-père Schlomo était rabbi, c'est-à-dire versé dans les écritures de sa religion ; son père a vécu dans un ghetto ; Sigmund est de la génération qui s'ouvre à l'Occident, il souhaite s'intégrer dans la société autrichienne où il vit. Il se sentira toujours juif, bien qu'ayant abandonné la religion de ses pères et s'opposant au sionisme[2] ; il sera en même temps et surtout un

1. *L'Interprétation des rêves*, PUF, 1967.

2. Il écrira à Arnold Zweig, qui songe à émigrer en Palestine : *« Aucun progrès n'est lié à cette bande étroite de notre terre maternelle, aucune invention, aucune découverte ; la Palestine n'a créé*

scientifique occidental admirateur du mouvement des Lumières. L'histoire ne l'aidera pas : le mouvement libéral qui se développe pendant ses années d'études, et auquel il participe, se trouve supplanté en Autriche, à partir des années 1880, par un pangermanisme ennemi de la social-démocratie et antisémite. Une porte fut entrouverte au temps de sa jeunesse, pour vite se refermer. On peut dire qu'en tous points, à la manière d'Hannibal, il releva le gant – jusqu'à mettre sa vie en danger, quand il tarda tant à accepter de quitter Vienne occupée par les nazis.

« L'auteur, qui ne comprend pas la langue sacrée de ses pères, si on lui demande ce qui lui reste de juif, répondrait "encore beaucoup, probablement quelque chose de capital" », écrit Freud en introduction à son *Totem et Tabou* (1913). Dans *L'Homme Moïse*, en 1939, il précisera de quoi il s'agit : de « *la possession commune d'un certain trésor intellectuel et affectif* ».

L'entrée dans la vie

Freud entre à l'Institut de physiologie de Brücke, son professeur, en 1876. Il est chargé de recherches sur l'anatomie du système nerveux. C'est dire qu'il est rompu aux méthodes les plus scientifiques qui soient, ce qu'on lui déniera plus tard. Comme la plupart des

que des religions, des délires sacrés. » En même temps, il accepta d'être membre honoraire de la Kadimah, organisation sioniste, peut-être parce que son fils Martin y avait adhéré.

chercheurs, il finit par passer sa médecine, qu'il commence en 1880. Mais sans conviction : il préférait, comme il l'écrit à un ami, *« écorcher des animaux »* plutôt que de *« torturer les hommes »*.

Tout change avec la rencontre d'une rieuse jeune femme de vingt ans en train de croquer une pomme. Telle est sa première vision de Martha Bernays, en cet après-midi d'avril 1882 : édénique, pourrait-on dire, passionnelle et définitive. Freud fait sa cour, ils se fiancent secrètement le 17 juin 1882. Dans les cinq années qui suivirent, ils ne se rencontrèrent que trois fois. Martha vit à Hambourg, et Freud est trop pauvre pour aller la voir souvent. C'est ainsi que l'économie entre dans sa vie : pour se marier il faudra qu'il puisse assurer la situation de son épouse. Reste, en attendant, la correspondance : Freud écrit neuf cents lettres à sa *« Dulcinée »*, sa *« Cordelia »*, sa *« sweet darling girl »*, parfois plusieurs par jour.

Songeant à améliorer son ordinaire, il s'inscrit à l'hôpital général de Vienne en juillet 1882. Il entre dans le service psychiatrique de Meynert, et se spécialise en neurologie. Il prend la mesure de l'incapacité de la psychiatrie à venir en aide aux malades. C'est l'une des raisons pour lesquelles il fonde de grands espoirs dans un produit dont il découvre les qualités. Dans une lettre à Martha[1], sa lointaine fiancée, il écrit :

> *Mes lectures m'ont fait connaître la cocaïne, l'élément efficace des feuilles de coca que certaines tribus d'Indiens mâchent*

1. 21 avril 1884.

pour résister aux privations et à la fatigue. Un Allemand a essayé la drogue sur des soldats et prétend qu'elle a réellement augmenté leurs forces et leurs capacités de résistance. Je vais m'en procurer et, pour des raisons qui se devinent, l'essayer dans des cas de troubles cardiaques, ou encore de fatigue nerveuse.

Il espère devenir l'auteur d'une découverte qui le rendrait célèbre et lui donnerait les moyens d'épouser sa fiancée : celle d'un nouvel analgésique. C'est le contraire qui va se passer. Il ne connaît pas les effets toxiques du produit, ni l'accoutumance qu'il provoque. Dans Vienne, son nom va être associé à ce produit louche, guère plus recommandable que l'opium. Qui plus est, il se fait ravir le fruit de ses travaux par Koller, un collègue avec lequel il a bavardé imprudemment : celui-ci publie le premier article sur l'utilité de la cocaïne comme anesthésiant local en petite chirurgie.

Ce fut la faute de ma fiancée si je ne suis pas devenu célèbre dans mes jeunes années, écrit Freud [...] *comme j'étais plongé dans mes travaux, j'eus la possibilité de faire un voyage pour revoir ma fiancée, dont j'étais séparé depuis deux ans. [...] À mon retour, j'ai appris que Carl Koller avait fait les expériences décisives sur l'œil des animaux et avait présenté les résultats*[1].

1. *Ma vie et la psychanalyse*, Gallimard, 1949.

Bien qu'il affirme ne pas lui en avoir gardé rancune, il lui fait curieusement porter la responsabilité de son désir de la voir. Comme disent les mères trop aimantes à leur fils chéri, le malheur vient toujours par les femmes… Très vite, il semble que sa passion se métamorphosa en fidèle tendresse. Après avoir eu en peu d'années six enfants avec Martha, Freud semble avoir opté pour l'abstinence sexuelle. Ce premier thème de reproche, au moment des fiançailles (où, peut-on supposer, le désir bat son plein), annonce-t-il, comme au début d'une symphonie, un thème qui prendrait ensuite son ampleur : celui de la haine pour l'aimée ? Plus tard, en 1915, dans ses *Observations sur l'amour de transfert*, il écrira :

> *Tout état amoureux, même en dehors de la situation analytique, rappelle plutôt les phénomènes psychiques anormaux que les états normaux.*

C'est que la personne amoureuse, dit-il, dote l'objet de sa flamme de toutes les qualités. Comme dans l'hypnose, le sujet se dessaisit de sa personnalité au profit de l'objet aimé. Il accepte de perdre une partie de son narcissisme pour le projeter sur l'autre :

> *Le moi devient de moins en moins exigeant, de plus en plus modeste, tandis que l'objet devient de plus en plus magnifique et précieux, attire sur lui tout l'amour que le moi pouvait éprouver pour lui-même.*

Cet effondrement narcissique, lié à l'appauvrissement d'un moi qui se donne tout entier à l'objet, suscite immanquablement chez le sujet une révolte : tôt ou tard, cette idéalisation amoureuse se révèle être une illusion. Elle libère alors la haine envers l'objet aimé pour lequel on s'est sacrifié. Freud a-t-il vécu le même désappointement ?

Après avoir obtenu le titre de *Privat-Dozent* (équivalent de maître de conférences) en neuro-pathologie, à la suite d'une thèse sur l'anatomie de la moelle épinière, il obtient une bourse qui lui permet de faire un voyage d'études à Paris. Il devient l'élève de Charcot, alors mondialement célèbre pour son traitement des hystériques.

> *Aucun être humain ne m'a jamais autant impressionné*, écrit-il à Martha. *Je sors souvent de ses conférences comme de Notre-Dame, avec un sentiment nouveau de la perfection. Mais il me secoue rudement ; quand je le quitte, je n'ai plus aucune envie de m'occuper de mes bêtises ; je viens de passer trois jours à ne rien faire, sans toutefois me le reprocher*[1].

C'est une période de doute. Il remet en cause les travaux qu'il a réalisés jusqu'à ce jour, et sa personnalité même :

> *Il y a un temps où je n'étais qu'avide de savoir et ambitieux. [...] Je ne suis même pas*

1. 24 novembre 1885.

très doué, toute ma capacité de travail réside dans mon caractère et dans une absence de déficiences intellectuelles marquées[1].

Il brûle ses travaux, comme il l'a déjà fait et comme il le fera encore. Un jour, les nazis le feront à sa place, ce qui inspirera à cet adepte du progrès des Lumières un commentaire ironiquement consolateur : « *Au Moyen Âge*, dira-t-il, *c'étaient les hommes que l'on brûlait...* » Pour une fois qu'il faisait preuve d'optimisme ! Les fours crématoires furent mis en place en 1942, trois ans après sa mort, et plusieurs membres de sa famille disparurent dans les camps de concentration.

Freud quitte Paris en février 1886. En avril, il ouvre son cabinet médical. Il a 30 ans. Le 13 septembre, il épouse civilement Martha – puis religieusement, puisque sa femme le désire et que la loi autrichienne l'exige. Mais il s'opposera toujours chez lui à la célébration du shabbat comme des autres rites religieux, sans refuser toutefois de partager, à l'occasion, l'aspect festif de ces rituels. Le 16 octobre 1887 naît Mathilde, leur premier enfant. Puis Jean-Martin en 1889, Oliver en 1891, Ernst en 1892, Sophie en 1893, Anna en 1895... On l'a dit, il semble que la méthode de contraception choisie fut l'abstinence, sans doute parce que la passion amoureuse avait fui. Le reste de sa vie, Freud suivit régulièrement le même programme : travail le matin jusqu'à 13 heures, promenade digestive après le déjeuner, le temps d'acheter ses chers cigares et de passer chez son éditeur, reprise du travail jusqu'à 21 heures, voire 22 heures.

1. 2 février 1886.

Les débuts de la psychanalyse : la suggestion et la catharsis

Les rares patients qui viennent consulter à son cabinet sont souvent des malades que la médecine ne parvient pas à soigner. Freud utilise l'arsenal thérapeutique dont il dispose :

> *Je m'en rapportai, en ce qui concerne l'électrothérapie, au manuel de Erb, qui donnait des prescriptions détaillées sur le traitement de tous les symptômes des maladies nerveuses. Je devais malheureusement bientôt reconnaître que ma docilité à suivre ces prescriptions n'était d'aucune efficacité ; que ce que j'avais pris pour des observations exactes n'était qu'un édifice fantasmagorique. La découverte qu'un livre signé du premier nom de la neuropathologie allemande n'avait pas plus de rapports avec la réalité que, par exemple, une clé des songes égyptienne telle qu'on en vend dans nos librairies populaires ; cette découverte fut douloureuse, mais elle m'aida à perdre encore un peu de la naïve croyance aux autorités dont je ne m'étais pas libéré. Je mis donc l'appareil électrique au rebut*[1].

1. *Ma vie et la psychanalyse, op. cit.*

Il se tourne vers l'hypnose, qu'il avait vu Charcot pratiquer. Mais là encore, les résultats sont très variables. Ce qu'il a compris, c'est que les paralysies, les contractures des hystériques, ne répondent pas à la logique du système nerveux qu'il connaît bien, mais à une image mentale du corps. Il faut donc chercher la cause ailleurs que dans l'organisme. À la Salpêtrière, il a remarqué que les symptômes avaient souvent à voir avec la chose sexuelle, et aussi que Charcot ne voulait pas le savoir.

Voilà pourquoi il s'intéresse au témoignage de son collègue et ami Breuer, et à sa méthode thérapeutique par la suggestion qu'il a commencé à pratiquer avec Berthe Pappenheim, une jolie jeune fille de vingt ans, que l'on connaîtra sous le nom d'Anna O. C'est en fait elle qui a guidé son médecin vers cette méthode qu'elle nomma « cure par la parole », et aussi, de façon plus imagée, « ramonage de cheminée ». Breuer apprendra, à ses dépens, que c'est bien de cela qu'il s'agit… Par suggestion, Anna O. se remémorait les événements qui avaient causé ses symptômes, ce qui les faisait disparaître. Breuer et Freud décrivirent cette méthode, qu'ils appelèrent la *catharsis*, dans l'ouvrage précurseur de la littérature psychanalytique : *Études sur l'hystérie*, qui paraît en 1895.

La collaboration avec Breuer fut difficile et se termina par une brouille : les deux hommes s'opposaient sur deux points. Le premier était que l'hystérie pût avoir comme origine un traumatisme sexuel. Le deuxième tenait à ce que Freud appelait déjà le transfert, et dont Breuer avait fait les frais avec Anna O. En effet, Breuer s'était tellement attaché à ce traitement que sa femme, plus perspicace que lui (il en est souvent ainsi en amour !), s'en alarma et lui demanda d'y mettre fin :

> *Il décida de mettre un terme au traitement et annonça sa décision à Anna O., dont l'état s'était beaucoup amélioré. Il prit congé d'elle. Mais le soir même, il fut rappelé et la trouva plus agitée, apparemment plus malade que jamais. Breuer avait toujours soutenu que sa cliente était asexuée. À aucun moment de son traitement, elle n'avait fait allusion à un sujet aussi interdit. Or, il la trouva cette fois en proie aux douleurs d'un accouchement hystérique, fin logique d'une grossesse imaginaire passée inaperçue et qui s'était produite en réponse aux soins donnés par Breuer. Bien que profondément bouleversé, celui-ci la calma en l'hypnotisant, puis, pris de sueurs froides, quitta cette maison*[1].

Il s'enfuit même de la ville, emmenant sa femme pour une seconde lune de miel dont naquit un enfant…

L'autoanalyse

En ce temps où n'existaient ni le téléphone ni le courriel, Freud adorait écrire. À partir de 1887, il eut comme correspondant préféré Wilhelm Fliess, oto-

1. Ernest Jones, *La Vie et l'Œuvre de Sigmund Freud*, PUF, 1992.

rhino-laryngologiste de renom qui ne se cantonnait pas dans sa spécialité. Il développait dans des conférences et des articles sa vision originale de la biologie – notamment son hypothèse selon laquelle il existait des correspondances entre le nez et le sexe… Freud prit vite l'habitude de lui confier ses découvertes, et notamment l'application qu'il faisait à lui-même de ses questionnements. Après tout, n'était-il pas le patient qu'il connaissait le mieux ? C'est ainsi qu'il approcha le principe de la cure analytique, où le patient « *dit tout* » à son analyste, où il transfère sur lui les attachements de son passé. La relation que Freud nourrit avec son ami fut de type passionnel, notamment après la mort de son père. Freud réalise alors un intense travail d'analyse, fouille dans son passé et interprète ses rêves. Nous avons la trace de cette époque dans sa correspondance avec Fliess, et dans le livre qui devait, selon lui, convaincre de l'importance de la psychanalyse naissante.

Rêve, enfance et sexualité

La Science des rêves paraît en 1900, mais ne rencontre guère d'écho : *« mysticisme total », « chaos arbitraire », « imagination artistique »*… tels sont les qualificatifs qui apparaissent dans les rares articles. Qu'un certain docteur « Lajoie[1] », juif de surcroît, estime que tout est sexuel, le rêve comme l'ensemble de la vie psychique, voilà qui paraissait extravagant !

1. *Die Freude*, en allemand, signifie « joie », et également « plaisir ».

Dans ses lettres à Fliess, Freud raconte les péripéties liées à une conférence que la Société de philosophie lui avait demandée, en 1901 :

> *Quelques heures avant, je reçus un pneu m'annonçant que certains membres avaient soulevé des objections et qu'on me demandait d'illustrer d'abord mes théories par des exemples simples et anodins, d'avertir ensuite que j'allais aborder des sujets plus choquants, puis d'attendre quelques instants afin que les dames pussent quitter la salle. Bien entendu, je refusai immédiatement, et ma lettre, elle, fut assez pimentée et salée. Telle est la vie scientifique à Vienne*[1] *!*

Plus tard, Freud dira à Ernest Jones, son premier biographe :

> *Je suis destiné, je crois, à ne découvrir que ce qui est évident : que les enfants ont une sexualité, ce que n'importe quelle nurse sait ; que nos rêves nocturnes sont, de la même façon que nos rêveries diurnes, des réalisations de désir*[2].

Ce disant, Freud distinguait clairement le désir du besoin, que l'on peut illustrer par l'exemple suivant :

1. *La Naissance de la psychanalyse*, lettre du 15 février 1901, PUF, 1991.
2. Ernest Jones, *La Vie et l'Œuvre de Sigmund Freud, op. cit.*

le besoin renvoie à un objet réel, le lait pour le bébé, et se manifeste dans la faim. Le désir, lui, est lié au plaisir pris à téter le sein (que Freud qualifie de sexuel). Le bébé recherche par tous les moyens la répétition de ce plaisir dont il se souvient, quitte à sucer n'importe quoi, ou à halluciner le sein. Si les fantasmes de l'adulte ne confondent plus, comme ceux du bébé, la réalité et l'imaginaire, ils visent toujours à donner une certaine présence, de façon déguisée, à un objet absent.

Freud ne fit que redoubler le scandale en publiant, en 1905, ses *Trois Essais sur la théorie sexuelle*. On y apprend en effet que le but de la sexualité n'est pas la procréation, et que l'enfant est un « pervers polymorphe ».

> *À quarante-neuf ans*, écrit Michel Gribiski[1], *après plus de vingt ans de recherche, un bourgeois, père de famille nombreuse et plutôt désargenté, risque l'estime de quelques maîtres chers, sa respectabilité, sa carrière, sa vie sociale et sa clientèle, ses amitiés, et dit à la science (biologique), à la morale (religieuse), et à l'« opinion populaire » qu'elles se trompent.*

Quelques rares personnes, médecins pour la plupart, intéressées par les thèses de Freud se réunissaient néanmoins chez lui le mercredi. Ce petit groupe, parfois qualifié par Freud de *« horde sauvage »*, s'orga-

1. Dans sa préface aux *Trois Essais sur la théorie sexuelle*, Gallimard, 1978.

nisa peu à peu. À partir de 1906, on conserve les *Actes des réunions des mercredis*. En 1910 est créée l'Association internationale de psychanalyse (IPA). C'était la fin de l'isolement.

Les débuts de la psychanalyse d'enfant

En 1907, Freud publie « Les explications sexuelles données aux enfants ». Puisque le passé infantile est déterminant pour la création des névroses, il estime en effet que l'éducation joue un rôle clé dans la prévention des névroses. Ce qui ne signifie pas que les parents soient entièrement responsables des pathologies de leurs enfants. En effet, si Freud a d'abord cru que des traumatismes sexuels réels étaient à l'origine des troubles, il a dû se rendre compte qu'il fallait traiter les fantasmes pour que les symptômes disparaissent. Or, si ces fantasmes prenaient origine dans quelque événement réel, ce qui était encore le plus important, c'était l'interprétation qu'en avait faite le patient, au gré de ses désirs imaginaires inconscients.

À cette époque, il est en train de réaliser une expérience clinique par l'intermédiaire de Max Graf, spécialiste de Wagner, membre du « groupe des mercredis », et de sa femme Olga. Tous deux, bourgeois modernes et libéraux, s'intéressaient fort à la psychanalyse. Le père rendait compte des observations qu'il faisait de son fils à Freud, qui en retour lui donnait des conseils. Ce qui commença comme une observation fut en fait la première psychanalyse d'enfant, par père interposé. Le petit garçon, en effet, se mit à développer une peur intense des chevaux, que le père psychanalysa avec l'aide de Freud. Cette cure princeps fut un succès : le « petit Hans », tel qu'on l'appelle dans la littérature psychanalytique, ne connut plus de symptôme invalidant le reste de sa vie[1].

Jamais, aujourd'hui, un psychanalyste ne proposerait à un père de psychanalyser son propre enfant ! Le parent est en effet trop engagé dans ses désirs inconscients vis-à-vis de son enfant pour pouvoir l'écouter de manière « *neutre et bienveillante* », comme doivent le faire les psychanalystes. Ces pionniers en étaient aux débuts de la technique analytique, qui a beaucoup progressé depuis.

Freud commit la même erreur avec sa fille Anna, qu'il crut analyser. Celle-ci n'eut d'autre vie que de rester attachée à son père et à la psychanalyse. Une fois installée en Angleterre, elle participa aux premiers développements de la psychanalyse d'enfant.

Les développements de la psychanalyse

L'essor du mouvement psychanalytique fut jalonné d'un certain nombre de dissensions. Certaines furent d'ordre théorique. Freud maintint toujours deux critères clés pour distinguer les analystes des non-analystes : le rôle de la sexualité, et le transfert dans la cure. C'est parce qu'ils refusèrent de reconnaître le rôle de la sexualité que Jung et Adler, comme d'autres, s'éloignèrent de la psychanalyse. Dix ans plus tard, Rank et Ferenczi, qu'on peut qualifier de fils préférés de

1. Nous en reparlerons plus loin.

Freud, furent désavoués. L'un pour avoir donné au traumatisme de la naissance et à la mère un rôle qui venait remettre en question celui, central, du père et du complexe d'Œdipe ; l'autre pour avoir préconisé une technique courte et active de conduite de la cure. À ces conflits théoriques se nouèrent des conflits affectifs dont Freud ne fut pas exempt. Il fut un père fondateur jaloux de son pouvoir, et ses préférences furent parfois ravageuses. On peut dire qu'entre psychanalystes de la première heure, les transferts furent parfois sauvages ! La suite a montré que les relations entre psychanalystes sont restées tumultueuses.

Jusqu'en 1939, Freud partage son temps entre les cures analytiques et son travail théorique. Stoïquement, il supporte un cancer de la mâchoire qui se déclare en 1923, et lui vaudra trente-trois opérations.

Fin de vie sous la peste brune

À l'âge de 82 ans, en 1938, Freud doit quitter Vienne. Dès 1933, Ferenczi l'avait conjuré de partir, ce à quoi il avait répondu :

> *S'ils me tuaient, ce serait après tout une mort comme une autre.*

Cette même année, ses livres sont brûlés à Berlin. La Société allemande de psychiatrie[1] passe sous contrôle nazi, et Jung en prend la présidence… Quant aux

1. Allgemeine ärztliche Gesellschaft für Psychotherapie.

psychanalystes juifs de la Société psychanalytique de Berlin[1], ils démissionnent et commencent à quitter l'Allemagne. Jusqu'en 1938, Freud refuse obstinément de quitter Vienne, alors que la Société psychanalytique viennoise se dissout et décide l'émigration de tous ses membres. La maison d'édition de la psychanalyse est placée sous séquestre, et les œuvres complètes de Freud sont détruites. Il subit plusieurs perquisitions, jusqu'au jour où sa fille Anna reste prisonnière de la Gestapo toute une journée. Il admet alors que ces « tracasseries » peuvent devenir sérieuses. Après trois mois de tractations, les nazis acceptent de le laisser partir avec sa famille, moyennant une caution de 4 824 dollars payés par la princesse Marie Bonaparte, l'élève de Freud qui avait introduit la psychanalyse en France.

> *Deux perspectives me restent pendant ces jours sombres : vous voir tous ensemble et* to die in freedom, écrit-il à Ernst Freud le 12 mai 1938. *Je me compare parfois au vieux Jacob qui, lui aussi, à un âge avancé, fut emmené en Égypte par ses enfants.*

Le 4 juin 1938, Freud quitte Vienne. Installé à Londres, il écrit *L'Homme Moïse et le monothéisme*, et reçoit des patients quatre heures par jour. Il a quatre-vingt-deux ans, et son cancer le fait de plus en plus souffrir. Il demande à son médecin, le docteur Schur, d'honorer sa promesse. Depuis longtemps, Freud avait

1. Deutsche Psychoanalytische Gesellschaft.

décidé de partir volontairement le jour où il ne serait plus en capacité de vraiment vivre. Suite à une injection de morphine, il s'éteint dans la nuit du 23 septembre 1938. Dans leur film *Sigmund Freud, l'invention de la psychanalyse*, Élisabeth Roudinesco et Élisabeth Kapnist ont repris la dernière intervention filmée de Freud faite en Angleterre :

> *J'ai débuté ma carrière professionnelle comme neurologue. En essayant de soulager mes patients névrosés, j'ai découvert des faits nouveaux et importants sur l'inconscient. De ces découvertes est née une nouvelle science*, dit-il dans ce film. *J'ai dû payer le prix fort pour ce petit bout de chance. La résistance a été forte et implacable. Finalement j'ai réussi. Mais la lutte n'est pas encore finie.*

En effet, la lutte est toujours à recommencer. Du néolibéralisme états-unien nous est venue une peste qui vaut bien la freudienne[1] : de « nouvelles thérapies » (ainsi baptisées, puisque ce qui est nouveau est tout beau !), inspirées des théories du conditionnement et du comportementalisme. Avec le cognitivisme, elles assimilent le cerveau à un ordinateur et développent une conception mécaniste du sujet humain. Le scientisme n'est pas mort !

1. Accostant les États-Unis pour venir faire une série de conférences dans ce pays qu'il n'aimait guère, Freud aurait dit, selon Carl Jung : *« Ils ne savent pas que nous leur apportons la peste. »*

Le fanatisme religieux non plus : aux États-Unis toujours se développent les thèses de l'*intelligent design* (dessein intelligent), qui, sous un dehors scientifique, tentent de combattre la théorie de l'évolution de Darwin. Elles n'ont guère de mal à s'implanter puisque 55 % des États-Uniens soutiennent que l'homme fut créé par Dieu tel qu'il est aujourd'hui, il y a environ 10 000 ans… Pour le Center of Science and Culture, organisation cherchant à promouvoir cette thèse, il s'agit *d'« éradiquer le matérialisme et son héritage culturel »* : celui de Darwin… et de Freud, qui *« empoisonne chaque secteur de notre culture, de la politique à l'économie en passant par la littérature et l'art*[1] »…

1. Rapporté dans *Le Monde 2*, 8 octobre 2005.

2

L'enfant selon Freud : un pervers polymorphe

IL N'Y A PAS D'OBJET SEXUEL « NATUREL ». – NOUS SOMMES TOUS PERVERS DANS LES MOYENS DE NOUS SATISFAIRE. – RÔLE DES PARENTS DANS LES CHOIX SEXUELS. – IMPORTANCE DE LA PHASE DE LATENCE DANS L'ÉDUCATION. – TOUT EST SEXUEL. – LE PLAISIR SEXUEL SELON FREUD.

Les *Trois Essais sur la théorie sexuelle* (1905) sont le premier ouvrage de Freud traitant systématiquement de l'enfant. Qu'est-ce que les parents d'aujourd'hui peuvent en retenir ?

Il n'y a pas d'objet sexuel « naturel »

Le livre rassemble trois essais : le premier porte sur les aberrations sexuelles, le second sur la sexualité infantile, et le troisième sur les métamorphoses de la puberté. Leur rassemblement est fait à dessein. En effet, dans le premier essai, Freud donne une vision de la sexualité qui détonne encore aujourd'hui.

> *Il est probable que la pulsion sexuelle est d'abord indépendante de son objet*, écrit-il, *et que ce ne sont pas davantage les attraits de ce dernier qui déterminent son apparition*[1].

C'est dire que la sexualité est perverse, qu'elle peut s'orienter vers n'importe quel objet, humain ou non, pour se satisfaire. À tel point que, renversant l'idée commune, Freud estime que :

> *L'intérêt sexuel exclusif de l'homme pour la femme est aussi un problème qui requiert une explication.*

Car le complexe d'Œdipe a deux versants : on passe souvent sous silence que, si le garçon souhaite coucher avec sa mère (Œdipe dit *« positif »*), il souhaite également être la femme de son père, voire de sa mère (Œdipe *« négatif »*), et que la fille connaît la même double polarité. Chacun fait donc, à un moment de sa vie, un choix inconscient d'objet sexuel, que son environnement favorise plus ou moins.

1. *Trois Essais sur la théorie sexuelle*, Folio Gallimard, 1987.

Nous sommes tous pervers dans les moyens de nous satisfaire

Les égarements de la pulsion ne se limitent pas à sa visée, mais également à son but. Le but sexuel normal, rappelle Freud, est :

> *l'union des parties génitales dans l'acte appelé accouplement, qui aboutit à la résolution de la tension sexuelle et à l'extinction temporaire de la pulsion sexuelle.*

La sexualité dite normale connaît pourtant d'autres plaisirs : ceux du regard, du toucher – comme celui du baiser qui, dit savoureusement Freud,

> *a acquis une haute valeur sexuelle, bien que les parties du corps concernées n'appartiennent pas à l'appareil génital mais forment l'entrée du tube digestif.*

Voilà, la chose est dite, nous avons tous des pratiques perverses, mais, comme on dit, *« il n'y a pas de mal à cela » :*

> *Aucun bien-portant ne laisse probablement de joindre au but sexuel normal un supplément quelconque, qu'on peut qualifier de pervers, et ce trait général suffit en lui-même à dénoncer l'absurdité d'un emploi réprobateur du terme perversion.*

Les perversions se rattachent donc à la vie sexuelle dans ce qu'elle a de plus normal. Il n'y aura perversion vraie que dans deux cas : quand les plaisirs dits préliminaires ne débouchent pas sur un contact génito-génital (le flirt en est un exemple, comme l'exhibitionnisme, le voyeurisme...) ; et quand les zones anatomiques procurant le plaisir ne sont pas génitales (bouche, anus...). De même, Freud remarque que :

> *La sexualité de la plupart des hommes comporte une adjonction d'agression, de penchant à forcer les choses.*

Est-ce à dire que les hommes auraient un penchant sadique, ce qui donnerait à penser que, par une juste harmonie naturelle qui garantirait la possibilité d'un rapport sexuel, les femmes seraient, elles, plutôt masochistes ? En fait, constate Freud, « *un sadique est toujours en même temps un masochiste* », même si un penchant prédomine sur l'autre à un moment donné.

L'expérience clinique conduit donc à penser que nous avons tous des dispositions perverses, que Freud qualifie de « *racines innées de la pulsion sexuelle* ». Celles-ci connaissent trois types de destins :

— soit elles deviennent l'essentiel de l'activité sexuelle chez ceux que l'on appelle « *pervers* » ;
— soit elles sont partiellement refoulées et resurgissent sous forme de symptômes non sexuels apparemment incompréhensibles chez ceux que l'on appelle « *névrosés* » ;
— soit elles sont entièrement refoulées chez ceux que l'on appelle « *normaux* ».

On peut également penser que lesdits « normaux » ont l'avantage de souffrir de « bons » symptômes névrotiques, c'est-à-dire adaptés à une morale comme à un environnement : être, par exemple, un sportif ivre de concurrence, un jouisseur de la discipline subie dans l'entreprise, un consommateur avide, un voyeur de petit écran n'est pas considéré comme une perversion, et pourtant !

Au reste, pour avoir analysé des pervers déclarés, Freud leur tire d'une certaine façon son chapeau. Se satisfaire, par exemple, d'une pratique fétichiste (telle que la jouissance puisse résider dans un soulier) résulte d'une élaboration complexe :

> *Une part de travail psychique est accomplie en cette occasion et, malgré son affreux résultat, il est impossible de lui dénier la valeur d'une idéalisation de la pulsion. La toute-puissance de l'amour ne se manifeste peut-être jamais plus fortement que dans ses égarements.*

C'est dire que le point de vue moral n'intéresse pas l'homme de science Freud. Il n'en fut pas de même dans sa vie privée, où il semble avoir témoigné d'une grande rigueur, et même d'une pudeur excessive (mais liée à son temps) dans l'éducation de ses enfants. Ainsi, rapporte Emilio Rodrigué[1], son fils Martin n'eut

1. Emilio Rodrigué, *Le Siècle de la psychanalyse*, Payot, 2000.

pas droit, à l'âge de treize ans, à une explication qui lui aurait permis de distinguer un bœuf d'un taureau…

Rôle des parents dans les choix sexuels

On peut donc dire que nous jouons un rôle dans les choix sexuels que font nos enfants. Tout d'abord en les inscrivant sans nous en rendre compte dans des rôles sociaux tels que prescrits par notre culture, dans un genre masculin ou féminin. Cela commence avec la première parole à la naissance : c'est un garçon ! c'est une fille ! C'est, on le sait, la première chose que l'on souhaite découvrir, bien avant la naissance. Dès lors, toutes les manifestations de bébé vont être interprétées comme de la virilité, du courage, de la force, un rôle actif pour le garçon, de la grâce, de la séduction, de la beauté, un rôle passif pour la fille… On ne s'étonnera donc pas de récolter ce que l'on a semé lorsque, vers deux ans, la petite fille préférera les poupées, et le garçon les motos… Sans nous en rendre compte, nous transmettons cet inconscient culturel, quelles que soient par ailleurs nos opinions : une mère féministe peut fabriquer de parfaits petits machos ! C'est dire que les changements culturels se font dans la longue durée, qu'ils n'obéissent pas seulement aux décrets de notre volonté, de notre conscience.

Nous ne transmettons pas inconsciemment que du culturel, mais également quelque chose de nos désirs personnels, dont la part que nous avons nous-mêmes héritée de notre ascendance. Par là aussi passent les choix sexuels de nos enfants.

Importance de la phase de latence dans l'éducation

La Sexualité infantile, le second des trois essais, s'ouvre sur la critique du lieu commun auquel nous tenons tant, selon lequel nos enfants seraient de petits anges :

> *C'est un élément de la conception populaire de la pulsion sexuelle que de croire que celle-ci est absente durant l'enfance et ne s'éveille qu'au cours de la période de la vie désignée par le terme de puberté.*

Freud trouve la raison de cette ignorance dans ce qu'il appelle *l'amnésie infantile*. En effet, rares sont les adultes qui aient des souvenirs précis et nombreux de leur vie avant ce que l'on appelle l'âge de raison. C'est que, de sept ans environ à la puberté, les humains connaissent, contrairement à tous les autres mammifères, une *phase de latence*, au cours de laquelle la pulsion sexuelle semble s'endormir.

Freud, le pansexualiste, commence par insister sur l'importance de ce temps où la sexualité est à son régime le plus bas ! Si, comme le dira Françoise Dolto, tout est joué à trois ans (elle entendait par là l'équilibre affectif de l'enfant), on pourrait tempérer cette affirmation en ajoutant que tout se construit pendant la phase de latence. En effet :

> *Au cours de cette période* [...] *s'édifient les forces psychiques qui se dresseront plus*

tard comme des obstacles sur la voie de la pulsion sexuelle, et qui, telles des digues, resserreront son cours (le dégoût, la pudeur, les aspirations esthétiques et morales). Devant l'enfant de la civilisation, on éprouve le sentiment que l'édification de ces digues est l'œuvre de l'éducation, et il est certain que l'éducation y contribue largement. Même, précise Freud, *si elle ne fait que suivre et redoubler un refoulement du sexuel qui se produit spontanément.*

La phase de latence ne consiste pourtant pas seulement dans l'établissement d'une répression que Freud figurera plus tard par l'instance du *Surmoi*. Elle est également l'époque où l'enfant se civilise, c'est-à-dire où il acquiert non seulement des savoirs, mais également des savoir-être en intégrant les valeurs de sa culture. Comment se bâtissent ces constructions si importantes pour la civilisation ? Aux dépens de la sexualité infantile, dit Freud. Mais on pourrait aussi bien dire grâce à elle, dès lors qu'elle est détournée de ses premiers buts :

Grâce à ce détournement des forces pulsionnelles sexuelles loin des buts sexuels, et à cette orientation vers de nouveaux buts (processus qui mérite le nom de sublimation), de puissantes composantes sont acquises, intervenant dans toutes les productions culturelles.

Dans la sexualité on peut distinguer sa source (l'excitation) de son but (le moyen d'y mettre fin). La sublimation consiste à remplacer le but premier (par exemple le sein) par un autre (le goût esthétique pour les belles formes).

L'humain est doué d'une plasticité étonnante, qu'il doit à son absence d'instinct. On estime que par l'effet d'une mutation génétique survenue par hasard, les humains ont acquis puis conservé la faculté de naître avant terme, avant que les montages instinctuels soient installés. Il en résulte, pour cet animal naissant sans poils, sans dents, sans arme naturelle, une anormale fragilité qui fait sa force. Condamné à rester longtemps sous la dépendance protectrice de ses parents, pourvu de très peu de schémas instinctuels pour régir son comportement (pas grand-chose d'autre que le réflexe de téter…), il doit apprendre ou mourir.

Cette faculté d'adaptation se retrouve dans son psychisme. On l'a dit, la sexualité humaine n'a pas de but préétabli. On peut ajouter maintenant que, de déplacement en déplacement, tout peut devenir un but de satisfaction… notamment les plus sublimes ! Aussi, loin de rabaisser le plus haut de l'humain dans la sexualité la plus basse (comme l'ont soutenu ses détracteurs), Freud élève au plus haut ce qu'il y aurait de plus bas dans l'humain.

Pour les parents, qu'est-ce que cela signifie ? Qu'ils disposent de cinq ans pour apporter à leurs enfants les enseignements et les valeurs de notre civilisation et de notre culture. Cinq ans, c'est peu, c'est la durée de la phase de latence. Avant, l'enfant n'est pas disponible pour ces apprentissages, et, après, l'adolescent va chercher ses modèles ailleurs que dans sa famille. Un temps extrêmement court pour faire découvrir notre monde à nos enfants.

Tout est sexuel

On voit donc que la psychanalyse ne se situe pas dans l'alternative réprimer/libérer. Affirmer que tout est sexuel, c'est simplement identifier l'énergie qui donne au moteur humain son dynamisme, sans préjuger de la qualité de ses actions. Il ne s'agit donc pas de tout ravaler à une « histoire de fesses », comme le voudrait le lieu commun.

> *Il se peut que rien d'important ne se passe dans l'organisme sans fournir sa contribution à l'excitation de la pulsion sexuelle.*

Pour appuyer son dire, Freud donne des exemples qui vont du corporel simple au sublimé. Il cite d'abord les « *ébranlements mécaniques du corps* », c'est-à-dire les jeux passifs tel le bercement, mais aussi toutes sortes de balancements, comme par exemple ceux que l'on éprouve dans le train.

Il évoque également « *l'activité musculaire énergique et abondante* », dont non seulement les enfants sont friands mais également les sportifs de tous ordres. Et il fait remarquer que les joutes musculaires sont une source de plaisir érotique (pensons aux « bagarres » entre pères et enfants).

Les *vécus affectifs intenses* sont aussi source d'excitation. Notamment les sentiments d'*effroi*. Non seulement devant les films d'horreur, mais dans les situations les plus quotidiennes et éminemment respectables (quand par exemple un enseignant témoigne d'un peu trop de punch !) :

> *Chez l'écolier, la peur d'être interrogé, la tension d'un devoir difficile à résoudre peuvent déterminer l'irruption de manifestations sexuelles.*

Et plus généralement :

> *L'effet sexuellement excitant de bien des affects déplaisants en soi, de l'inquiétude, de la terreur, de l'épouvante, subsiste chez un grand nombre d'êtres humains d'un bout à l'autre de leur vie d'adulte, et peut nous expliquer pourquoi tant de personnes quêtent avec ardeur l'occasion de ce genre de sensations.*

Au spectacle d'abord, c'est-à-dire dans des fictions que nous offrent le cinéma ou la télévision ; mais également dans des situations plus réelles où, dans les jeux du stade, nous déléguons à des personnes de chair et d'os les plaisirs et déplaisirs de l'affrontement ; et également dans des situations plus exceptionnelles, celles des guerres où, au plaisir de l'épouvante, se mêle celui de pouvoir vivre, ne serait-ce que par victime interposée, les sentiments les plus « forts » (vol, meurtre, viol…).

Le *travail intellectuel* lui aussi est le résultat d'une sublimation sexuelle, qui, parfois, montre encore d'où elle provient :

La concentration de l'attention sur une tâche intellectuelle et la tension intellectuelle en général entraînent chez de nombreux adolescents et adultes une excitation sexuelle.

La sagesse populaire l'a toujours dit, le surmenage intellectuel conduit aux mêmes troubles « nerveux » qu'un surmenage sexuel…

La question n'est donc pas tant de réprimer ou de libérer la sexualité que d'en faire un bon usage. De savoir quoi faire de cette énergie sexuelle indispensable à la vie : quels objets lui donner ? Quels buts lui donner ? Ce qui veut dire que l'éducation ne consiste pas à empêcher, mais à « dresser », au bon sens du terme : à aider la plante à grandir dans une bonne direction en lui offrant les bons tuteurs. Quant à l'énergie sexuelle, elle est à comparer à l'eau qui jaillit d'une source : rien ne pourra faire qu'elle ne soit pas.

Le plaisir sexuel selon Freud

Pour définir la sexualité, Freud prend l'exemple du suçotement, dont il donne la définition suivante :

Le suçotement, qui apparaît déjà chez le nourrisson et qui peut se poursuivre jusqu'à la maturité ou se maintenir durant toute la vie, consiste en une répétition rythmique avec la bouche (les lèvres) d'un contact de succion dont la finalité alimentaire est exclue.

Cette définition pose déjà que ce plaisir infantile peut durer, à travers des métamorphoses dont on a dit qu'elles étaient le fait de l'étonnante plasticité humaine. C'est dire, à rebours, que *la sexualité adulte trouve ses origines dans la sexualité infantile*. Ainsi, le plaisir de fumer comme toutes les autres appétences de bouche (plaisir de boire, de mettre les mots en bouche) dérivent-ils des plaisirs du suçotement.

Autre point fondamental dans cette définition : la finalité alimentaire est exclue du suçotement. Autrement dit, ce plaisir n'est pas une manifestation de l'instinct alimentaire. Ce point est fondamental : *le sexuel, tel que le définit la psychanalyse, n'est pas de l'ordre de l'instinct*. Bien que, nous allons le voir, il s'appuie dessus : on dit qu'il s'étaye sur l'instinct.

Il suffit d'ailleurs d'observer un bébé dans les joies du suçotement. Son regard est ailleurs, dans le vague. Que voit-il ? On a dit qu'à cet âge où le sens de la réalité n'est pas encore bien établi, il est capable d'halluciner le sein. Souvent, il tiraille rythmiquement une partie du corps – celle qui lui est tombée sous la main : une oreille, le nez, parfois le sexe. Ainsi commence à s'associer au plaisir de bouche celui d'une autre zone du corps, et se développe l'activité masturbatoire.

Car l'observation la plus superficielle montre que la sexualité infantile est *autoérotique*. Pourtant, le corps propre de l'enfant n'est pas son premier objet :

> *Il est clair*, écrit Freud, *que l'acte de l'enfant qui suçote est déterminé par la recherche d'un plaisir déjà vécu et désormais remémoré.*

Cette phrase est essentielle, car elle définit ce que sera toujours le désir sexuel : toujours il s'agira de chercher à retrouver, par des voies plus ou moins imaginaires, un objet réel qui a été perdu. Si le bébé se contente de l'autoérotisme et de l'hallucination, le désir de l'adulte n'est pas moins imaginaire : il croira retrouver chez une autre personne les qualités de l'objet perdu.

Les trois caractères clés de la sexualité infantile

- Le plaisir sexuel s'étaye (s'appuie) sur un comportement instinctuel mais s'en distingue.
- La sexualité est autoérotique, elle n'est pas orientée vers un objet.
- Son but est orienté sur une zone du corps qui concentre la sensibilité érotique : une zone érogène.

Pour le bébé, quel est cet objet perdu ? C'est le sein (ou son substitut : le biberon donné au bébé dans l'intimité du corps à corps). Il y a, au départ, un besoin vital, instinctuel : celui de boire le lait. À la tétée est associé le plaisir de la chaleur, de sa consistance liquide et de son goût. Le souvenir en reste sur les lèvres, pourrait-on dire, qui deviennent ainsi une zone de plaisir privilégiée (appelée par la psychanalyse : zone érogène[1]). Ce souvenir, et le désir qu'il suscite, prend son autonomie, se détache du comportement ins-

1. Érogène : qui génère un plaisir érotique.

tinctuel de l'acte de téter qui permet l'ingestion alimentaire. Le bébé suçote alors qu'il n'a pas faim : il *désire* le plaisir procuré par le sein alors qu'il n'a pas *besoin* d'ingérer du lait. Ainsi, si le désir s'étaye sur l'instinct, il s'en distingue.

> *L'activité sexuelle s'étaye tout d'abord sur une des fonctions servant à la conservation de la vie et ne s'en affranchit que plus tard. Lorsqu'on voit un enfant rassasié quitter le sein en se laissant choir en arrière et s'endormir, les joues rouges, avec un sourire bienheureux, on ne peut manquer de se dire que cette image reste le prototype de l'expression de la satisfaction sexuelle dans l'existence ultérieure.*

Tel est le modèle éternel de toute satisfaction sexuelle, pour la femme comme pour l'homme. Une relation où (alternativement, pourquoi pas) une mère donne le sein à son enfant. Ainsi le sexe de la femme devient-il symboliquement une bouche, et celui de l'homme un sein… et l'homme homosexuel trouve-t-il dans un autre homme une mère dotée d'un sein phallique…

Telles sont également les demandes de l'enfant : des manifestations de ses désirs que la satisfaction de ses besoins ne suffit pas à combler. Donner à son enfant tout ce dont il a besoin, ce peut être l'ignorer en tout ; c'est-à-dire ignorer ce qu'il demande. Répondre à son enfant sur le registre de la consommation, c'est le traiter en petit animal en oubliant sa demande d'amour et de reconnaissance.

Nous verrons dans un autre chapitre comment progressivement la zone érogène anale, puis la zone érogène génitale viendront réorganiser la sexualité, et comment dans son troisième essai, intitulé *Les Métamorphoses de la puberté*, Freud décrit la sexualité génitale de l'adulte. Nous avons insisté pour l'instant sur les notions clés introduites par la psychanalyse, et surtout ce qu'elle entend par sexualité, qui est ce qu'entend par là le sens commun, et en même temps pas du tout. On trouve ici une des sources d'incompréhension de la découverte freudienne. Dans le souci de se faire comprendre, Freud utilise en effet parfois des mots du vocabulaire courant en leur donnant un sens technique – ce qui peut souvent prêter à quiproquo, notamment en matière de sexualité.

3

La première psychanalyse d'enfant

LES THÉORIES SEXUELLES DE HANS. – LE DÉBUT DE LA CURE. – ON NE PEUT PAS ANALYSER SON ENFANT. – L'INTERPRÉTATION DE LA PHOBIE DU PETIT « ŒDIPE ». – LES PHOBIES CHEZ LES ENFANTS. – L'ANGOISSE ENFANTINE.

Freud eut bientôt l'occasion de vérifier les vues développées dans les *Trois Essais sur la théorie sexuelle*, en réalisant par personne interposée la première analyse d'enfant. Ce qu'il explique en introduction du récit de cette cure, qu'il publia en 1909[1] :

> *Serait-il donc impossible d'observer directement chez l'enfant, dans toute leur fraîcheur vivante, ces impulsions sexuelles et*

1. *Analyse d'une phobie chez un petit garçon de 5 ans – Le petit Hans*, 1909, in *Cinq Psychanalyses*, PUF, 1954.

ces formations édifiées par le désir, que nous défouissons chez l'adulte, avec tant de peine, de leurs propres décombres, et dont nous pensons de plus qu'elles sont le patrimoine commun de tous les hommes et ne se manifestent chez les névropathes, que renforcées et défigurées ?

Nous avons dit que Max Graf participait chez Freud au groupe du mercredi. Il faisait partie de la haute bourgeoisie éclairée de Vienne : musicien, ami de Mahler, il s'intéressait aux nouvelles idées. Et sa femme, Olga, avait suivi une cure analytique avant son mariage. Max Graf participe à des réunions chez Freud ; c'est pourquoi il consigne les observations qu'il fait sur son fils Herbert (rebaptisé Hans par Freud pour préserver son anonymat). Ses premières communications commencent lorsque Hans n'a pas encore tout à fait trois ans. Bientôt, il constate que le petit garçon cherche à découvrir les mystères de la sexualité. Dans le climat propice à la parole que savent créer ses parents, il livre spontanément ses questionnements.

Les théories sexuelles de Hans

Ainsi Hans demande-t-il à sa mère si elle a, elle aussi, un *Wiwimacher* (un fait-pipi). Comme tous les enfants, il élabore la théorie sexuelle infantile selon laquelle tous les humains sont dotés d'un pénis. Et les faits d'observation ne viennent pas contredire sa croyance : de sa petite sœur, il dit qu'elle a un tout petit *Wiwimacher*, mais qu'il va bientôt pousser… Il manifeste le désir de découvrir le *Wiwimacher* de sa mère, et veut dormir avec elle. Le père trouve alors que sa femme est trop complaisante. Elle accueille parfois son fils dans son lit, pour un câlin. Parce qu'il éprouve une pointe de jalousie inconsciente, il analyse justement la situation. S'identifiant à son fils, il comprend qu'il vit là l'expérience érotique qu'il recherche. Trop souvent, en effet, nous sous-estimons cette dimension dans les rapports avec nos enfants. Le lit des parents, pour les enfants, est le haut lieu des fantasmes érotiques les plus brûlants ! Il faut voir son enfant comme un « petit ange » pour ne pas le comprendre ; ou bien ne pas vouloir le savoir pour vivre tranquillement son propre érotisme de parent, éprouvé alors en toute inconscience… C'est pourquoi il n'est pas recommandé de garder l'enfant dans la chambre conjugale ; ce fut le cas pour Hans, qui eut sa chambre personnelle à partir de quatre ans seulement.

Le début de la cure

Les choses auraient pu en rester à ces tranquilles confirmations. Lorsque Hans a quatre ans et demi, l'observation tourne à la cure analytique :

> *« Cher Docteur,*
>
> *Je vous adresse encore quelque chose touchant Hans – hélas, cette fois-ci, c'est une contribution à l'histoire d'un cas. Comme vous l'allez voir, se sont manifestés chez lui, ces derniers jours, des troubles nerveux qui*

nous inquiètent beaucoup, ma femme et moi, car nous n'avons pu trouver aucun moyen de les dissiper. Je me permettrai d'aller demain... vous voir, mais... je vous envoie un rapport écrit de ce que j'ai pu recueillir. »

Hans craint de sortir de chez lui, de peur d'être mordu par un cheval. Cette phobie perturbe sa vie. Cet animal a déjà été l'objet de sa curiosité. En cette époque des voitures à cheval, il avait pu voir, en se promenant dans la rue, la taille impressionnante de son pénis. Il avait fait remarquer qu'étant donné (de son point de vue) la grandeur de sa mère, elle aussi devait être dotée d'un attribut équivalent.

Ce n'est pas le pénis qui fait peur à Hans, dit Freud : il faut chercher plus loin la cause, dans une angoisse de castration. Plus d'un an auparavant, la mère de Hans l'avait menacé de couper son fait-pipi s'il continuait à jouer avec. Cette parole aurait eu son effet après coup. Par souci de confort, pourrait-on dire, c'est-à-dire pour éloigner l'angoisse et rendre la vie vivable, cette peur a été déplacée sur le cheval : ce serait lui qui risquerait de castrer Hans, et non pas sa mère ou son père. Mécanisme de déplacement que l'on retrouve dans toutes les peurs d'enfant (et d'adulte) : l'objet générateur de peur, sinon d'angoisse, est toujours symbolique.

On ne peut pas analyser son enfant

Alors commence la première cure d'enfant, sur un mode qui n'a rien d'orthodoxe ! Car c'est le père qui analyse son enfant, contrôlé par Freud qui l'écoute et le conseille. Ce qui paraît tout à fait inacceptable aujourd'hui ne semble en rien gêner Freud[1] :

> *Seule la réunion de l'autorité paternelle et de l'autorité médicale en une seule personne, et la rencontre en celle-ci d'un intérêt dicté par la tendresse et d'un intérêt d'ordre scientifique permirent en ce cas de faire de la méthode une application à laquelle sans cela elle n'eût pas été apte.*

Cette conception autoritariste de la psychanalyse d'enfant, dans laquelle on mêle analyse et inculcation de (soi-disant) vérités, est aujourd'hui refusée par tous les psychanalystes d'enfant. En matière de conduite de la cure analytique, des progrès ont été réalisés depuis Freud. Il serait en effet impossible à l'analyste d'être au clair avec ses transferts[2] et contre-transferts s'il prenait en cure une personne proche – c'est-à-dire qu'il ne pourrait connaître et maîtriser les réactions qu'elle susciterait en lui, comme les investissements qu'il ferait sur elle, et les pulsions qu'elle éveillerait.

1. Bien sûr, les parents sont partie prenante dans le traitement psychologique de leur enfant, mais pas comme thérapeutes.

2. Le transfert, ici, est ce que projette spontanément le thérapeute de son vécu personnel sur l'autre ; et le contre-transfert, les réactions que suscite chez lui le transfert du patient.

L'interprétation de la phobie du petit « Œdipe »

Ces réserves faites, on peut néanmoins penser que la cure du petit Hans fut un succès puisque sa phobie disparut en quelques mois. En 1922, alors qu'il avait dix-neuf ans, il rendit visite à Freud : *« Je suis le petit Hans ! »* lui dit-il. Freud fut ravi de constater qu'il ne souffrait d'aucun trouble névrotique. Plus tard, en 1970, à soixante-sept ans, il se présenta de la même façon à Anna, la fille de Freud. Reprenant la tradition paternelle, il avait réussi une belle carrière musicale au Metropolitan Opera House de New York, et écrit plusieurs livres de musicologie.

La cure du petit Hans restitue la dramaturgie œdipienne (que l'on décrira en détail plus bas). Freud conseille au père de donner deux interprétations à Hans :

> *Je m'entendis avec le père de Hans afin qu'il dise à celui-ci que toute cette histoire de chevaux était une bêtise et rien de plus. La vérité, devait dire son père, c'était que Hans aimait énormément sa mère et voulait être pris par elle dans son lit. C'est parce que le fait-pipi des chevaux l'avait tellement intéressé qu'il avait peur maintenant des chevaux.*

Ainsi Hans était-il un petit Œdipe qui voulait coucher avec sa mère. Quant au cheval, il renverrait au porteur d'un grand fait-pipi, le père, dont Hans craindrait la colère castratrice. Telle est l'interprétation classique. On pourrait également, avec Lacan, y voir la mère phallique qu'à la fois Hans désire et redoute : la peur du cheval serait alors la solution que Hans aurait trouvée pour éviter une mère dangereuse, et pas assez interdite. La phobie viendrait à la place de la loi d'interdit de l'inceste qui n'aurait pas été énoncée par le père.

Freud fit au père une seconde recommandation qui irait plutôt dans ce sens :

> *Je suggérai de plus au père de commencer à éclairer Hans en matière de choses sexuelles. Comme la conduite passée de l'enfant nous permettait de le supposer, sa libido*[1] *était restée accrochée au désir de voir le fait-pipi de sa mère ; aussi proposai-je au père de Hans de supprimer ce but à son désir en lui faisant savoir que sa mère et toute autre créature féminine ne possédaient pas du tout de fait-pipi.*

Dans ce passage, Freud met en place ce qu'il appellera le *« continent noir »* (le mystère du féminin). Dans cette logique, ce qui définit la femme, ce serait qu'elle « *n'en a pas* », comme on dit couramment ! Décrire

1. En latin, le terme libido signifie envie, désir. La libido est, écrit Freud, *« la manifestation dynamique dans la vie psychique de la pulsion sexuelle »*. Elle se distingue donc de l'excitation corporelle, elle en est le versant mental, où elle se manifeste comme énergie. *« Sa production, son augmentation et sa diminution, sa répartition et son déplacement devraient nous fournir les moyens d'expliquer les phénomènes psychosexuels »*, écrit Freud.

ainsi la différence des sexes revenait à empêcher Hans de comprendre comment on fait les enfants, quel est le rôle que la mère (donc le père aussi) y joue.

Le tournant de la cure tient peut-être à la seule séance où Freud rencontra le petit Hans :

> *Je lui révélai alors*, écrit Freud, *qu'il avait peur de son père justement parce qu'il aimait tellement sa mère. Il devait en effet penser que son père lui en voulait de cela, mais ce n'était pas vrai, son père l'aimait tout de même, il pouvait sans aucune crainte tout lui avouer. Bien avant qu'il ne vînt au monde, j'avais déjà su qu'un petit Hans naîtrait un jour qui aimerait tellement sa mère qu'il serait par suite forcé d'avoir peur de son père, et je l'avais annoncé à son père.*

On peut penser que la liquidation de la phobie commença à partir de cette « révélation » faite par Freud – et de la place qu'il fait au père. Celui-ci l'aime toujours, assure-t-il. Ce qui lui permet d'avoir alors un rôle d'initiateur, c'est-à-dire de signifier la loi de l'interdit de l'inceste, moins pour empêcher l'enfant de réaliser son désir incestueux que pour le faire grandir, et le débarrasser d'une scène de violence dans laquelle il est empêtré. Car la scène sexuelle que Hans imagine est un acte à la fois violent et interdit plutôt qu'un acte d'amour bénéfique. Comme tous les enfants, il élabore une théorie fantastique, un combat de titans mâle et femelle où se mêlent sadisme anal et dévoration orale… On comprend que ce qu'il désire l'effraie ! Sa mère ne ferait de lui qu'une bouchée ! La parole à la fois aimante et interdictrice du père est donc sécurisante. Si le père répondait à la rivalité agressive de son fils, il se mettrait à son niveau et confirmerait son fils dans sa peur de la castration. Trop souvent le père, s'il n'a pas lui-même dépassé son propre complexe d'Œdipe, va jouer le rôle du père castrateur auquel il a cru s'affronter enfant, et rendre haine pour haine. Il faut donc que le père soit un interdicteur tranquille pour que la loi soit humanisante.

C'est ce qui se passe pour le petit Hans, ce dont témoigne un des derniers fantasmes qu'il raconte à son père :

> *Tu sais, j'ai pensé aujourd'hui quelque chose… Le plombier est venu et m'a d'abord enlevé le derrière, avec des tenailles, et alors il m'en a donné un autre, et puis la même chose avec mon fait-pipi.*

Le docteur, interprète Freud, c'est-à-dire lui-même figuré en plombier, enlève le pénis pour en mettre un plus grand à la place. Ainsi le petit garçon est-il doté, grâce à l'initiation paternelle, d'un pénis d'homme avec lequel il pourra aimer les femmes autres que sa mère.

Malgré la réussite de cette cure, Freud en resta à cette première expérience, estimant qu'il était impossible d'analyser un enfant, sauf dans des circonstances particulières où il accepte de se livrer, comme avec son père. Il ne développa donc pas la psychanalyse d'enfant. Du moins pas directement, puisque Anna, celle de ses filles qui resta auprès de lui jusqu'à sa mort, et avec qui il avait des échanges quotidiens, fut une pionnière dans ce domaine.

Les phobies chez les enfants

Tous les enfants ne parlent pas comme Hans de leurs rêves et de leurs fantasmes, sans doute parce qu'il n'y a pas toujours quelqu'un pour entendre. On a vu que l'expression de Hans était favorisée par le projet du père d'observer son fils. Ce que tout parent n'a pas à faire, bien évidemment. Faire de son enfant un objet d'observation, c'est trop souvent couper la relation avec lui.

Ce cas reste pourtant exemplaire pour tenter de comprendre les phobies auxquelles tous les enfants sont sujets : peur du noir, de dormir seul, peur des grosses et petites bêtes, cauchemars, etc. À partir de trois ans environ, les phobies normales (celles que connaissent tous les enfants sans être pour autant dans la pathologie) ont une thématique sexuelle et œdipienne, comme chez Hans. Il n'y a pas plus de clé des phobies qu'il n'y a de clé des songes. Néanmoins, la peur du noir peut par exemple avoir comme source la peur/désir de voir surgir sous une forme fantastique (lion, robot…) l'objet de ses désirs (maman/papa), avec pour bénéfice secondaire d'empêcher le père et la mère de jouir de leur solitude à deux…

On ne peut refuser ces peurs sous prétexte qu'elles sont imaginaires – car elles ont une réalité psychique évidente. Il ne suffit donc pas de dire à l'enfant que « *ce n'est rien* », même s'il est important de l'aider à comprendre que ces « idées » ne sont pas réelles.

L'interprétation sauvage ne servira également à rien. Le mieux est d'accompagner l'enfant dans l'élaboration progressive de ses fantasmes, c'est-à-dire d'accepter d'entendre ce qu'il veut en dire, en resituant ces « histoires » dans l'imaginaire. Une façon de faire est d'accepter de « rentrer dans l'histoire », c'est-à-dire de la développer avec l'enfant, en ayant conscience de ce que l'on fait. S'il est, par exemple, question d'un lion qui entre dans la chambre, on ne va pas proposer qu'il dévore l'enfant, mais peut-être chercher des façons de l'amadouer – en lui donnant par exemple quelque chose d'autre à manger que l'enfant... On peut ainsi arriver à écrire de nouveaux contes ! Spontanément, l'enfant sait trouver des objets qui vont l'aider à lutter contre sa peur – par exemple le nounours qui l'accompagne dans la nuit. Mais attention aux fins d'histoire trop lénifiantes. Rappelons-nous que la terreur, tant qu'elle reste dans les marges de l'imaginaire, est une jouissance déguisée. Il serait dommage d'en priver l'enfant !

Si les peurs deviennent des phobies organisées qui empêchent l'enfant de vivre, il faut savoir entendre ce signal d'alarme. Est-il annonciateur de troubles psychiques ? Il peut être nécessaire d'aller consulter. Ces signes, quand ils sont pris dans l'œuf, disparaissent très souvent en quelques séances.

L'angoisse enfantine

Freud rapporte plus généralement les angoisses que vivent les enfants à une excitation sexuelle. Il a cette belle formule : *« L'angoisse est à la libido ce que le vinaigre est au vin » ;* c'est-à-dire que la pulsion sexuelle se transforme en angoisse quand elle ne peut se décharger en plaisir. Seuls les enfants dont la sexualité est développée sont anxieux, soit qu'elle connaisse un développement prématuré, soit qu'elle ait été trop vivement éveillée par ce que Freud appelle les « cajoleries ». C'est dire que, s'il est inévitable et en même temps nécessaire d'éveiller la sexualité de ses enfants, la chasteté est nécessaire en actes, mais aussi en paroles. Éveil inévitable, pourtant :

> *Le commerce de l'enfant avec la personne qui le soigne est pour lui une source continuelle d'excitation sexuelle et de satisfaction partant des zones érogènes, d'autant plus que cette dernière – qui, en définitive, est en règle générale la mère – fait don à l'enfant de sentiments issus de sa propre vie sexuelle, le caresse, l'embrasse et le berce, et le prend tout à fait clairement comme substitut d'un objet sexuel à part entière*[1].

Bien sûr, consciemment, la mère n'investit pas sexuellement cette tendresse ; c'est habituellement au père qu'elle adresse ses désirs sexuels, et non à son enfant. Et, ajoute Freud, elle n'a aucun reproche à se faire :

> *Elle ne fait que remplir son devoir lorsqu'elle apprend à l'enfant à aimer*[2].

1. *Trois Essais sur la théorie sexuelle, op. cit.*
2. *Ibid.*

Il arrive pourtant que, sans être ouvertement sexuelle, la tendresse des parents soit excessive, et qu'ils ne veuillent pas se rendre compte qu'elle comporte pour leur enfant une dimension érotique. Dénier celle-ci, faire de son enfant un petit ange, c'est également dénier sa propre sexualité : car on ne peut être conscient de la sexualité de son enfant sans être du même coup conscient de la sienne…

> *Un excès de tendresse parentale sera assurément nuisible en hâtant la maturation sexuelle, et aussi parce qu'il « gâtera » l'enfant, le rendra incapable dans sa vie future de se passer provisoirement d'amour ou de se contenter d'une moins grande quantité d'amour*[1].

Un enfant qui se montre insatiable dans sa demande de tendresse a en général été trop excité par ses parents. Pour Freud, c'est une sonnette d'alarme à laquelle il faut être attentif : trop souvent, l'enfant souffrira plus tard de névrose. Tel est le sort des enfants qu'on aimait si câlins…

C'est que les parents créent alors une stimulation que bien sûr ils n'apaisent pas. Se retrouvant dans un état de manque, l'enfant n'a alors d'autre possibilité que de décharger sa libido sous forme d'angoisse… Le soir, surtout, quand les parents vont se coucher ensemble en le laissant seul dans son lit…

1. *Ibid.*

4

Les développements de la psychanalyse d'enfant après Freud

ANNA FREUD. – MELANIE KLEIN. – FRANÇOISE DOLTO.

La psychanalyse, on le sait, consiste à retrouver en nous l'enfant, plus exactement l'infantile – puisque l'inconscient en reste proche. Il était donc, pourrait-on dire, dans son destin de s'intéresser aux enfants.

Anna Freud

Anna Freud (1895-1982) développa une manière de psychanalyse tout à fait dans la suite de ce qu'avait fait Freud avec le petit Hans – notamment en donnant une place prééminente au père et en sous-évaluant le rôle de la mère (comme on l'a vu à propos du sens symbolique que revêt le cheval). Ce qu'Élisabeth Roudinesco commente avec franchise :

La pauvre Anna reste fixée à la situation de la cure du petit Hans, c'est-à-dire à une étape de l'aventure freudienne où le dévoilement de la sexualité infantile avait l'allure d'une profanation[1].

La psychanalyse d'enfant, selon Anna Freud, mêle le conseil et l'interprétation. Elle dit à l'enfant comment il faut penser et agir plutôt qu'analyser. En accord avec l'idéologie de son époque, elle implique une vision de l'enfant comme un primitif (c'est la grande époque du colonialisme) qu'il faut guider pour son bien :

La technique spéciale de l'analyse infantile, justement dans ce qu'elle a de spécial, découle d'une idée élémentaire : c'est que l'adulte, du moins en général, est un être achevé et indépendant, tandis que l'enfant est un être dépendant et en voie de formation[2].

C'est pourquoi elle fait précéder ses cures d'un temps d'acclimatation où elle cherche à gagner la confiance du petit patient, pourquoi aussi elle se permet d'influencer en exprimant gratifications et repro-

1. Élisabeth Roudinesco, *Histoire de la psychanalyse*, tome 1, Seuil, 1986.
2. Anna Freud, *Le Traitement psychanalytique des enfants*, PUF, 2002.

ches. Disons qu'avec Anna Freud le psychanalyste reste un éducateur.

Melanie Klein

Avec Melanie Klein (1882-1960) commence la psychanalyse des enfants telle qu'on la pratique aujourd'hui. Elle met en place la technique du jeu, toujours utilisée de nos jours : c'est à travers des dessins réalisés en séance, des jeux mettant en scène des poupées, des animaux, que l'enfant exprime, mieux que par le langage, ses conflits inconscients.

C'est également Melanie Klein qui prend en cure de tout jeunes enfants de deux ans, et ouvre ainsi ce moyen thérapeutique aux tout-petits. C'est dire que l'on peut aujourd'hui consulter à tout âge pour son enfant.

Car cette vie psychique inconsciente complexe qui semblait être l'apanage des adultes, Melanie Klein la retrouve en effet chez les bébés de quelques mois. Le Surmoi (c'est-à-dire l'instance intérieure qui censure et reproche) se manifeste, dit-elle, dès les premiers mois. Elle remarque de même l'existence de conflits œdipiens bien avant l'âge (quatre ou cinq ans) retenu par Freud. Globalement, elle décrit à un âge très précoce une vie psychique aussi riche et complexe que celle de l'adulte, avec ses spécificités.

Ce que l'on peut en retenir, c'est que, dès les premiers mois, les enfants ont une vie psychique importante ; qu'ils construisent des objets imaginaires de désir sur la base de leur premier objet, le sein, qu'à la fois ils aiment et haïssent. Que celui-ci est donc clivé entre un « bon sein » rassurant et un « mauvais sein » qui les persécute.

Pour la première fois, et contrairement aux positions de Freud, Melanie Klein reconnaît et décrit la valeur structurante de la relation à la mère.

C'est notamment sur ce point qu'Anna Freud s'oppose à elle. S'estimant, en tant que fille de son père, la gardienne du temple analytique, elle va mener bataille contre Melanie Klein. Ce conflit va animer le groupe des psychanalystes anglais des années 1930 aux années 1950 (Melanie Klein vit à Londres dès 1925, et Anna Freud à partir de 1938). On peut dire aujourd'hui que Melanie Klein est la première à revenir au vrai du message de Freud, parfois contre lui. Elle a le front d'estimer qu'elle continue et dépasse son travail :

> *Freud, après avoir donné le meilleur de lui-même dans* Inhibition, symptôme et angoisse, *non seulement n'alla pas plus avant mais recula. Dans ses contributions théoriques ultérieures, quelques-unes de ses plus grandes découvertes s'affaiblirent ou furent oubliées* [...]. *Cela peut être dû à plusieurs causes, comme l'âge, la maladie et le fait qu'il ait atteint le point où un individu, tout aussi génial qu'il soit, ne peut aller au-delà de sa propre découverte. Je suis convaincue, hélas, que l'influence d'Anna fut l'un des facteurs qui le bloquèrent*[1].

1. Lettre de Melanie Klein à Jones – citée par Emilio Rodrigué dans *Freud, Le Siècle de la psychanalyse*, t. 2, Payot, 2000.

Françoise Dolto

De l'autre côté du *channel*, et à l'écart de la bataille londonienne, des psychanalystes français mettent au point et développent la psychanalyse d'enfants. Comme Melanie Klein (mais sans y faire référence), et dans la suite de Jenny Aubry, Françoise Dolto conduit des psychanalyses par le jeu, et accepte de traiter les enfants dès leur plus jeune âge. Elle s'étonne de constater que parler aux bébés a un effet thérapeutique[1]. Elle aussi, comme Melanie Klein, prend les enfant au sérieux. C'est-à-dire qu'elle les prend pour des personnes humaines à part entière. Dès lors, une cure d'enfant se comprend comme une cure d'adulte, avec bien sûr les adaptations liées à l'âge du patient. Mais le type et la qualité de l'écoute sont les mêmes.

Grâce à un vaste mouvement qui commence dans les années 1950, il existe aujourd'hui, partout en France, des lieux où l'on peut consulter pour son enfant, de sa naissance à sa majorité.

1. Sur Françoise Dolto, on peut notamment consulter : Jean-Claude Liaudet, *Dolto expliquée aux parents*, L'Archipel, 1998.

LES CONSULTATIONS PSYCHOLOGIQUES POUR ENFANT

Quand faut-il consulter ?

1. Le petit enfant (0-4 ans) :

Durant la petite enfance, c'est surtout par des manifestations somatiques que l'enfant exprime son malaise (vomissements répétés, difficultés pour s'endormir, propreté non acquise ou perdue). La présence d'un seul signe n'est jamais significatif ; à partir de deux, on peut se poser des questions.

Chez le nourrisson, tout ce qui marque une absence de relation doit alerter (évitement du regard, absence de babil, indifférence, trop grande « sagesse »). Également les retards de langage, les problèmes de propreté et de sommeil, comme d'agitation. Plus tard, des jeux stéréotypés, une anxiété trop forte, notamment lorsque l'enfant est séparé d'un objet de prédilection, sont des signes qui peuvent amener à décider de consulter.

2. L'enfant (4-12 ans) :

On peut consulter sur la base des troubles suivants :

— troubles de l'acquisition du langage ou de son utilisation (syntaxe incorrecte, pauvreté du vocabulaire…) ;
— agitation permanente ;
— chute des résultats scolaires, difficultés d'apprentissage ;
— perte de la propreté ;
— agressivité, vols, mensonges systématiques et durables ;

— conflits permanents dans la famille ou à l'extérieur de celle-ci ;
— peurs persistantes (le loup, les monstres, le fantôme...) ;
— troubles du sommeil ;
— maladresse corporelle excessive ;
— TOC (manies, troubles obsessionnels) et tics.

3. *L'adolescent :*
Chez l'adolescent, tout changement brusque doit alerter :
— retrait, désintérêt vis-à-vis du groupe de copains ;
— ou surinvestissement au détriment du reste ;
— baisse importante des résultats scolaires ;
— intérêt subit pour des thèmes morbides ;
— perte d'appétit ou boulimie ;
— apparition (ou renforcement) des vols, des fugues ;
— conduites addictives (alcoolisation les week-ends), utilisation de psychotropes sont des motifs valables pour une demande de consultation.

Comment se passe une consultation ?

Généralement, les parents sont reçus en premier. Il s'agit pour le psychologue de tenter de comprendre la difficulté actuelle de l'enfant et d'en retracer le cours, sans porter de jugement sur les parents ou l'enfant.
L'enfant est ensuite reçu seul. Il a à sa disposition du matériel (papier, crayons, feutres, pâte à modeler, quelques jouets) avec lequel il peut, s'il le souhaite, exprimer ce qu'il a à dire. Des tests intellectuels ou projectifs peuvent être proposés, selon la demande des parents et de l'enfant.

À l'issue de la consultation, un compte rendu est fait aux parents et à l'enfant. Si nécessaire, une proposition d'aide est faite.

Où consulter ?

— Chez un psychologue, un psychanalyste ou un psychiatre, en libéral : les tarifs sont libres, remboursés partiellement ou non par la Sécurité sociale, et discutés avec les parents.

— Dans une consultation médico-psychologique (CMP) : la séance est prise en charge par la Sécurité sociale. Les CMP dépendent de l'hôpital et regroupent plusieurs spécialités (pédopsychiatre, psychologue, orthophoniste, rééducateur en psychomotricité, assistant social, éducateur spécialisé et infirmier psychiatrique).

— Dans un centre médico-psycho-pédagogique (CMPP) : la consultation est prise en charge par la Sécurité sociale. Les CMPP sont gérés par des associations à but non lucratif et regroupent plusieurs spécialités, comme dans les CMP.

— Dans un centre d'action médico-psychologique (CAMPS) : la consultation est prise en charge par la Sécurité sociale. Pour les enfants de 0 à 4 ans. Les CAMPS dépendent de l'hôpital et plusieurs regroupent différentes spécialités.

— À l'école primaire : il n'y a pas de véritable consultation, mais des psychologues scolaires et des rééducateurs spécialisés peuvent réaliser un premier dépistage et une première orientation.

5

Qu'est-ce que l'inconscient ?

La géographie de l'inconscient et les pulsions. – La grammaire de l'inconscient. – Ça, moi, surmoi. – Les fantasmes, les rêves. – Le travail du rêve. – Impossible de connaître son enfant.

Avant de décrire les différentes étapes de l'évolution de l'enfant, telle que Freud la voit, il me paraît nécessaire de m'entendre avec le lecteur sur quelques notions qui vont sans cesse être présentes en filigrane – et d'abord celle d'inconscient.

On a cette image de l'enfant comme proche de l'inconscient. Ce qu'on veut souvent dire par là, c'est qu'il en a la fraîcheur et la spontanéité ; la sauvagerie aussi, c'est-à-dire à la fois la cruauté et la capacité de jouir. Quand on dit cela, on exprime des images qui contiennent certes une part de vérité, mais qui restent des stéréotypes.

La géographie de l'inconscient et les pulsions

De l'inconscient, ce qu'il y a de plus difficile à comprendre, peut-être… c'est qu'il est inconscient ! Ce n'est pas une idée ou un sentiment qui n'est pas présent un moment donné et que l'on se remémore. Ce n'est pas quelque chose qui deviendrait conscient : une psychanalyse durant tout le temps de la vie ne ferait pas disparaître cet inconscient. Ce qu'il y a de difficile à admettre, c'est qu'il y a toujours une part en soi qui échappe à notre maîtrise et nous guide malgré nous – à côté de notre volonté consciente, de nos pensées et nos actes, de nos affects. Cette part d'étrangeté est irréductible, il n'y pas d'autre solution que de « faire avec ».

> *L'inconscient*, écrit Freud *dans* L'Interprétation des rêves, *est le psychique lui-même et son essentielle réalité. Sa nature intime nous est aussi inconnue que la réalité du monde extérieur, et la conscience nous renseigne sur lui d'une manière aussi incomplète que nos organes des sens sur le monde extérieur.*

C'est dire que jamais nous ne pouvons être entièrement maîtres de nous-mêmes – ce qui représente un scandale inadmissible pour certains. Impossible, donc, d'avoir un savoir exhaustif de l'inconscient. On ne peut en repérer que les signes : dans les rêves, mais aussi dans les lapsus, les actes manqués, les fantaisies conscientes – et dans la cure analytique, qui est un dispositif conçu pour entendre les manifestations de l'inconscient (le patient allongé disant tout ce qui lui vient sous forme d'associations libres – ou dans les jeux pour l'enfant –, l'analyste derrière lui dans le fauteuil – devant lui pour l'enfant – pratiquant l'abstinence et l'écoute flottante).

Dans *L'Interprétation des rêves* (1901), Freud donne une première description organisée du système psychique. C'est ce qu'on appelle la première *topique* (du grec *topos*, lieu) ; on pourrait dire la première géographie. Freud distingue plusieurs lieux : le *conscient*, le *préconscient* (partie du l'inconscient qui peut devenir conscient) et l'*inconscient*. Entre chaque lieu, il y a, pourrait-on dire, une sorte de guichet, où trône un censeur. Si la *censure* juge le désir inacceptable, il *l'interdit*, et celui-ci se trouve *refoulé*. S'il est acceptable, il l'*intègre* en liant l'énergie psychique provenant de l'inconscient à des représentations psychiques (mots, images…) licites.

Selon Freud, la vie psychique est donc le théâtre de conflits permanents, une lutte entre des forces contraires qui, loin d'être dommageable (comme voudrait nous le faire croire une certaine idéologie de l'harmonie plate et heureuse), assure son dynamisme. Ainsi, pour Freud, rien n'est jamais acquis ; tout état d'équilibre psychique peut toujours être remis en cause.

Ce que traite ainsi la censure, ce sont les *pulsions* dont nous avons déjà parlé à propos des *Trois Essais sur la théorie sexuelle*. Nous avons dit que les pulsions se définissaient en quatre points. Elle ont une *source*, qui est une tension d'origine organique (liée à la faim, à l'excitation sexuelle…) et qui cherche à se décharger. Elles sont constituées par une *poussée*, chargée de plus ou moins d'énergie psychique. Elles ont un *but*, qui est une satisfaction propre à réduire la tension.

Elles investissent pour cela un *objet* de satisfaction, qui est au départ indéterminé, avant que ne se créent, pourrait-on dire, des circuits, que la pulsion va suivre de façon répétitive, suivant le principe du moindre effort. Enfin, bien sûr, ces pulsions sont inconscientes, et deviennent conscientes quand elles se retrouvent liées à des représentations psychiques acceptables par la censure.

Différente de l'instinct (comportement inné et réflexe), la *pulsion* est le versant psychique des excitations physiques. C'est une énergie qui exerce une poussée constante : il est impossible d'échapper à la recherche de satisfaction libidinale ! Elle est adaptable, capable de viser n'importe quel objet, de passer par toutes les représentations possibles et imaginables (ou non), selon une grammaire propre à l'inconscient, dont les deux principales figures sont la *condensation* et le *déplacement*.

La grammaire de l'inconscient

Dans la *condensation*, un seul élément vient en signifier plusieurs. Par exemple, dans un rêve, une personne représentera plusieurs personnes. Pour Hans, le cheval pouvait à la fois représenter une mère phallique dont il avait peur et un père castrateur… Cette figure du discours inconscient est à rapprocher de la *métaphore*, qui est un procédé clé du langage (employé en toute conscience). Lorsqu'on dit par exemple que le président est à la tête de la nation, on condense en une seule image le corps et la nation. On fait plus que dire que le président est comme la tête d'un corps qui serait la nation. De cette comparaison naît une troisième réalité, que l'on pourrait appeler le corps-nation.

Par le *déplacement*, une représentation vient en remplacer une autre. Dans les rêves, par exemple, un élément secondaire peut prendre la place de l'élément important. Ainsi, le rêveur se surprendra à aimer à la folie le chien de sa voisine, tandis que sa voisine elle-même le laissera indifférent… Il s'agit toujours d'un travestissement destiné à berner la censure inconsciente. En déplaçant sur le cheval la frayeur que son père lui inspirait inconsciemment, Hans y gagne de pouvoir vivre à peu près tranquillement chez lui. Cette figure est à rapprocher de la *métonymie*, un autre procédé clé du langage. Dans la métonymie, on prend la partie pour le tout, un élément proche ou contigu pour la chose même. Par exemple, lorsqu'on dit *« une belle blonde »*, on utilise la couleur des cheveux pour désigner une femme dans sa globalité.

C'est dire que l'inconscient fonctionne selon une logique illogique ! L'inconscient est, en effet, hors du temps et de l'espace, ce qui signifie que tous les désirs, les vécus qui ont un jour existé et ont été refoulés existent dans un présent éternel. Cela fait dire à Freud :

> *Au fond, personne ne croit à sa propre mort, et dans son inconscient, chacun est persuadé de son immortalité.*

Nous sommes aussi bien, au niveau inconscient, le bébé ravi ou rageur de huit mois que l'adulte qui lit ce livre… L'inconscient ne connaît pas le principe de contradiction : tout coexiste dans l'inconscient, et une chose peut dire son contraire. A peut être non-A, ce qui est l'exacte définition de l'irrationnel. C'est dire que l'inconscient ne sait pas établir de différence : celle des sexes n'a pour lui aucun sens. Du fait de la poussée permanente des pulsions, tout ce qui a été refoulé tend à revenir à la conscience, par tous les moyens que nous venons de décrire : la lutte est permanente ! Car l'inconscient ne connaît qu'un principe : celui de son plaisir, qu'il cherche à satisfaire par tous les moyens. C'est ce que les psychanalystes appellent *principe de plaisir*.

On comprend que l'inconscient soit souvent associé à l'image de l'enfant. Pourquoi pas, à condition de comprendre que l'enfant, ce n'est pas seulement l'autre, mais soi avant tout !

Ça, Moi, Surmoi

À partir de 1920, Freud modifie sa vision de l'inconscient. Il distingue alors trois instances. Le *Ça* est le réservoir des pulsions, dont on vient de décrire le dynamisme. Il est totalement inconscient, et serait composé d'un fond inné qui n'aurait jamais été conscient, et du refoulé. Au début de la vie, il n'y a que le *Ça*, dont le type de fonctionnement est celui que nous avons décrit. Progressivement, suite au contact avec le monde extérieur et ses exigences, se forme le *Moi*. Fonctionnant selon le *principe de réalité*, c'est-à-dire cherchant à s'y adapter, le *Moi* offre aux pulsions inconscientes la possibilité d'être satisfaites, à condition d'un certain travail de modification et de renoncement partiel. Quant au *Surmoi*, qui exerce les fonctions de censure déjà décrites, il est, dit Freud, l'héritier du complexe d'Œdipe, c'est-à-dire l'intériorisation des interdits qui ont été tenus par les parents (consciemment et inconsciemment), au moment où l'enfant était dans un moment crucial de son évolution, sur lequel nous reviendrons.

Freud a comparé le Moi à un clown qui croit diriger ses affaires alors qu'il est guidé par le Ça. Être le clown de soi-même, c'est cela : être dirigé sans vouloir le savoir ; d'où un effet comique pour le spectateur, c'est-à-dire n'importe quel interlocuteur, qui voit ce qu'on est le seul à ne pas voir : les ficelles qui nous actionnent tel un pantin, sans qu'on le sache. Une autre image encore : notre vie mentale est comme un iceberg ; il n'en émerge que le dixième, son équilibre est lié à la masse qu'on ne discerne pas :

> *Un troisième démenti sera infligé à la mégalomanie humaine par la recherche psychologique de nos jours, qui se propose de montrer au Moi qu'il n'est seulement pas maître dans sa propre maison, qu'il en est réduit à se contenter de renseignements rares et fragmentaires sur ce qui se passe, en dehors de sa conscience, dans sa vie psychique*[1].

1. Freud, *Introduction à la psychanalyse*, Payot, 2004.

Les fantasmes, les rêves

On le sait, les enfants racontent des histoires abracadabrantes, de même qu'ils adorent les contes. Avec Freud, on peut estimer que ce monde imaginaire ressemble à celui des rêves, dont on connaît la définition : c'est l'accomplissement déguisé d'un souhait. Déguisé pour cause de censure, dans la mesure où il se révèle inacceptable au regard de la morale et du principe de réalité. Si tous les rêves ne sont pas désagréables, s'ils tournent parfois au cauchemar, c'est d'une part que l'on peut aimer avoir peur (laissons nos enfants se délecter de leurs cauchemars !) ; c'est surtout que, lorsqu'un désir refoulé arrive sur le devant de la scène du rêve et qu'il est mal déguisé, le Surmoi réagit et crée un déplaisir, à la mesure du plaisir combattu. Ainsi l'angoisse est-elle souvent la manifestation d'un désir insupportable et mal contenu.

De même, les histoires que racontent et se racontent les enfants sont des montages, dans lesquels ils cherchent à satisfaire des désirs, sur un mode imaginaire. Activité essentielle, qui permet notamment de construire un riche monde mental, et qui est le premier exercice de la pensée. Il est donc important de ne pas contrarier cette activité, de ne pas la condamner par des expressions du type : *« Mais c'est horrible, ce que tu racontes ! »* Du moment que la distinction entre réel et imaginaire est bien identifiée, tout est possible dans les histoires – de même que tout est par exemple possible au cinéma, qui n'est pas la vie réelle, et du moment qu'on ne le confond pas avec la vie réelle.

Ainsi peut-on entendre un enfant raconter comment il nous a tué en rêve, du moment que *« c'est des histoires »*. Être consterné par un tel récit, ce serait confondre soi-même l'imaginaire et la réalité. Dans les histoires, tout est permis : c'est une façon de satisfaire des désirs refoulés et de leur trouver des voies de sublimation ; de faire des désirs les plus noirs des œuvres de civilisation[1]. Les histoires sont, en quelque sorte, des rêves à dormir debout.

Le travail du rêve

Le rêve tel qu'on se le remémore est le résultat de ce que Freud appelle le *travail du rêve*, qui traduit en un *contenu manifeste* (explicite parce qu'acceptable par la censure du Surmoi et le principe de réalité du Moi) un *contenu latent* (implicite) où se manifestent plus clairement les désirs inconscients qui ont présidé à l'apparition du rêve. Ce travail de rêve se réalise en utilisant la grammaire de l'inconscient que nous avons décrite plus haut : la condensation et le déplacement. L'inconscient utilise les *restes diurnes*, c'est-à-dire les souvenirs de la journée qui précède le rêve, comme un vocabulaire sur lequel il transfère les désirs refoulés qui peuvent être très anciens, puisque l'inconscient vit au présent éternel. Ainsi le cheval rencontré la veille et rêvé la nuit peut-il symboliser la venue de la mère phallique désirée et crainte à la fois.

1. Nous définirons la sublimation dans la description de la phase de latence, au chapitre 7 de la partie II.

Le travail de rêve remanie également les représentations dans le sens d'une *figuration :* il en fait des éléments visuels. L'ensemble est l'objet d'une *élaboration secondaire*, c'est-à-dire d'une interprétation spontanée qui banalise le contenu manifeste du rêve en lui donnant une apparence à peu près raisonnable et communicable : c'est cette élaboration secondaire que l'on exprime quand on dit : « *Cette nuit j'ai rêvé de...* »

Les sources du rêve

Freud distingue quatre sources au rêve :

- Il peut être la manifestation d'un désir éprouvé pendant le jour et resté insatisfait. Ainsi, au lever, votre enfant peut-il expliquer qu'il a dévoré dans la nuit le paquet de bonbons refusé.
- Il peut également exaucer un désir surgi pendant le jour, qui a été refoulé avant d'avoir été conscient.
- Il est également l'expression d'un désir inconscient très ancien.
- Enfin, il peut avoir pour fonction de satisfaire imaginairement un besoin éprouvé pendant le sommeil (faim, besoin d'uriner, besoin sexuel...). Alors, le rêve est le gardien du sommeil, puisqu'il permet de ne pas être réveillé par le besoin ressenti.

L'interprétation du rêve consiste à remonter du contenu manifeste au contenu latent. En sachant que l'on ne peut analyser un rêve dans sa totalité (qui a d'ailleurs plusieurs sens superposés, comme un mille-feuille...), et qu'il conserve toujours une part qui restera inanalysable – que Freud appelait *« l'ombilic du rêve, le lieu où il rejoint le non-reconnu*[1] *»*.

Ces mécanismes, bien décrits pour le rêve nocturne, sont également à l'œuvre dans les fantaisies diurnes comme dans les rêveries suscitées par les contes et les histoires.

Il n'est pas recommandé de s'amuser à exercer son flair psychanalytique (après la lecture de ce livre, par exemple !) en donnant à son enfant une interprétation de ses histoires ou de ses rêves. Si l'enfant exprime ses désirs à travers les travestissements de l'imaginaire, il y a une raison à cela, qui tient aux nécessités de la censure, aux exigences du Surmoi. Lui annoncer finement : *« Si tu rêves qu'un lion vient dans ta chambre la nuit, c'est que tu as envie de coucher avec ton papa »* serait malheureux, puisque cela mettrait l'enfant en face d'un désir sien, mais qu'il ne peut assumer tel quel. Donc, pas d'analyse sauvage !

Rien n'empêche, en revanche, de chercher à comprendre pour soi quels sont les désirs et les conflits qui habitent l'enfant – à condition de chercher également à comprendre en quoi l'enfant que l'on a été (et que l'on est toujours inconsciemment) est interpellé par les dires et les actes de son cher bambin.

Impossible de connaître son enfant

Reconnaître qu'il y a une part d'inconscient chez son enfant ne peut se faire que si l'on reconnaît qu'il

1. *L'Interprétation des rêves*, chapitre VII.

en est de même pour soi. Ainsi la relation entre parent et enfant est-elle une relation entre deux personnes qui sont en partie étrangères à elles-mêmes, et donc en partie étrangères l'une à l'autre ! Ce qui ruine les désirs de possession dont les parents ont souvent tant de mal à se défaire. Impossible de dire : *« Tu sais, tu ne peux rien me cacher, je sais tout de toi ! »*

Reconnaître l'inconscient chez son enfant, c'est donc prendre en compte qu'il y a une part de mystère dans la relation, c'est-à-dire qu'il y aura toujours chez son enfant une part d'inconnu. Ce qui conduit à reconnaître, comme le dira Françoise Dolto après Freud, que l'enfant est une personne nativement douée d'une autonomie, ayant ses propres désirs qui ne seront jamais transparents ; il est un *sujet*. C'est dire qu'on ne peut réaliser une fusion avec son enfant, ni avoir de projet de maîtrise sur lui ; que l'éduquer ne consiste pas à le construire comme on en a rêvé.

II

LES GRANDS MOMENTS DE L'HISTOIRE INDIVIDUELLE SELON FREUD

1

Le désir d'enfant

L'ENFANT DE LA TROISIÈME GÉNÉRATION. – LE TRANSGÉNÉRATIONNEL. – LE DÉSIR D'ENFANT À TRAVERS LES GÉNÉRATIONS, POUR LA MÈRE. – LE DÉSIR D'ENFANT À TRAVERS LES GÉNÉRATIONS, POUR LE PÈRE. – LE DÉSIR D'ENFANT. – LE FANTASME D'AUTOREPRODUCTION. – UN ENFANT POUR QUI ? – L'ENFANT MERVEILLEUX.

Pour la psychanalyse, on s'en doute, la conception n'est pas qu'une affaire d'hormones et de gamètes. Elle est également la conjugaison des désirs, inconscients autant que conscients, d'une femme et d'un homme. Avant même qu'il soit conçu, l'enfant à naître est pris dans une logique qui le dépasse.

L'enfant de la troisième génération

C'est dire que l'enfant hérite d'un destin, que les générations qui l'ont précédé déterminent sa vie psychique. Ce que l'on reproche souvent à la psychanalyse, car ce constat (somme toute banal !) blesse notre désir de liberté absolue, que renforce l'idéologie individualiste régnante. On peut avoir une vision différente de la chose : il n'y a de liberté, en fait, que lorsqu'on prend en main la situation dont on a hérité, pour en faire quelque chose de nouveau. Ce que propose justement la cure psychanalytique.

Il faut trois générations pour faire un psychotique[1], disait Freud. Il résumait là ce qu'il avait constaté chez ses patients : du fait d'événements réels, mais plus souvent du fait de ce qu'ils ont eux-mêmes hérité psychiquement, malgré eux, les grands-parents ne permettent pas à leurs enfants de se structurer, et notamment de dépasser leurs désirs œdipiens, sans que ceux-ci ne présentent pour autant de souffrance autre que névrotique. Ce sont les enfants de ces enfants qui présentent parfois des symptômes graves.

C'est dire qu'il faut attendre de voir ce que deviendront les petits-enfants des enfants issus des familles (bizarrement nommées) monoparentales et des couples

1. Sommairement, le psychotique souffre de graves altérations dans son rapport à la réalité et aux autres humains. Le névrotique, au contraire, est trop empêtré dans une réalité qu'il estime être à la source de symptômes qui l'empêchent de vivre heureusement.

homosexuels d'aujourd'hui pour pouvoir constater, ou non, leur éventuelle nocivité.

Le transgénérationnel

La question du transgénérationnel, comme on dit maintenant (indiquant par là ce qui passe à travers les générations), a donc été ouverte par Freud. Elle s'est développée depuis. Avec Anne Ancelin Schützenberger[1], on peut estimer que nous sommes un maillon dans la chaîne des générations, et que, curieusement, nous avons parfois à payer les dettes du passé de nos aïeux. Une sorte de loyauté invisible nous pousse à répéter, que nous le voulions ou non, que nous le sachions ou pas, des situations agréables ou des événements douloureux. Ainsi, curieusement, nos désirs, nos réussites, nos accidents, parfois notre mort, répètent des événements qui ont eu lieu il y a plusieurs générations – notamment lorsqu'il y eut dans le passé une mort violente (accident, meurtre commis ou subi) sur laquelle un secret a été posé. Heureusement, nous avons la possibilité de reconquérir notre liberté et de sortir du destin répétitif de notre histoire en comprenant les liens complexes qui se sont tissés dans notre famille.

1. Anne Ancelin Schützenberger, *Aïe ! Mes aïeux !*, Desclée de Brouwer, 1993.

Le désir d'enfant à travers les générations, pour la mère

Le désir d'enfant des parents est donc marqué par la relation qu'ils ont entretenue avec leurs propres parents.

Pour la femme, le désir d'enfant est lié à la façon dont elle a résolu son complexe œdipien (que nous décrirons plus loin), et à la manière dont ses parents l'y ont aidée. Découvrant, dans la logique infantile d'un enfant de trois ans, qu'il lui manque quelque chose, la fille se tourne vers le père et lui demande de lui donner ce qu'elle n'a pas : un pénis, dont l'enfant qu'il lui fera est un équivalent symbolique[1]... Ainsi se noue son désir d'enfant. La réaction du père à cette attente joue un rôle important.

Il refusera à sa fille ce qu'elle lui demande, c'est-à-dire qu'il opposera au désir de sa fille l'interdiction de l'inceste, tout en la valorisant et en lui signifiant que, lorsqu'elle sera femme, elle obtiendra ce qu'elle désire d'un autre homme.

Si ce dépassement du désir œdipien n'est pas réalisé, la femme peut faire un enfant avec un autre homme, mais inconsciemment pour son père ; c'est-à-dire que, dans ses fantasmes, c'est avec son père qu'elle aura désiré avoir un enfant. Elle se sera souvent mariée avec un homme qui ressemble à son père, en moins bien. Après la venue de son premier enfant, elle peut se désintéresser de lui, parfois devenir frigide

1. Développé au chapitre 6 de la partie II, traitant du complexe d'Œdipe.

avec lui quand elle ne l'était pas déjà. Elle va considérer que son enfant appartient à sa famille plus qu'à celle de son mari. On comprend qu'elle peut trouver un avantage à être mère célibataire. Son enfant sera pris dans ce couple incestueux imaginaire. Le père de cet enfant sera de peu de poids, sinon réellement absent, et l'enfant sera trop proche de sa mère. Devenu adulte, cet homme ou cette femme pourrait rester dans une grande proximité avec sa mère, rejouant ainsi à la deuxième génération le désir incestueux inconscient. Ce qui aura un impact sur son désir d'enfant. Alors que les deux générations précédentes ont apparemment bien vécu, il est possible que l'enfant de la troisième génération manifeste par des symptômes l'impossible de la situation incestueuse dans laquelle il a été conçu et désiré. Ainsi fonctionne le jeu intergénérationnel.

Si le père n'a fait aucune place au désir œdipien de sa fille, il l'a laissée fixée dans *une envie éternellement insatisfaite, celle d'un pénis* qu'elle ne peut avoir et auquel elle ne peut renoncer. Elle sera une femme que rien ne pourra satisfaire, restant dans la plainte et les revendications impuissantes. C'est dire qu'elle fera inconsciemment payer à son entourage l'iniquité qu'elle estime subir. Souffrant d'un complexe de virilité, et restée fixée dans la dévalorisation du féminin que son père lui a insufflée, avec la complicité de sa mère, elle souhaitera être masculine pour être désirée, et aimée par son père à l'égal de ses frères qu'elle jalouse. Une fois mère, son fils portera son pénis à sa place, sans qu'il puisse en disposer. Elle voudra le garder tout à elle, et en rester la propriétaire. Le fils devra donc se dévouer à sa mère, et réaliser pour elle, à sa place, les exploits phalliques dont elle rêve. Elle luttera contre ses velléités d'indépendance, et cherchera à le séduire pour le garder. Si par malheur pour elle il parvient à aimer ailleurs, elle déclarera la guerre à sa bru.

Cette mère de l'envie du pénis s'intéresse peu à ses filles, qui se trouvent dévalorisées. Elle pourra par contre s'intéresser à leurs hommes, qu'elle souhaitera leur dérober. Ceux-ci se trouveront de ce fait imaginairement polygames, pour peu qu'ils l'acceptent…

La fille peut également souhaiter prendre la place du père qui l'a refusée. Pour le garder, elle devient lui, comme lui, elle se met à sa place. Elle deviendra *une femme revendiquant le phallus*[1] pour elle-même. Fixée dans une logique imaginairement masculine, elle souhaitera éliminer le père rival, objet à la fois aimé et haï. Cette femme forte aura le goût de la réussite.

Cette organisation psychique va se retrouver dans sa façon d'être mère. Reportant sur son enfant le désir œdipien auquel elle n'a pas renoncé, elle voudra garder son enfant pour elle en le rendant dépendant, surtout si c'est une fille. Elle ne tolérera de sa progéniture aucune contestation de son pouvoir. Elle vivra son amour maternel sur un mode oral, dévorera symboliquement son enfant. Si celui-ci trouve la force de refuser cette relation, il deviendra mauvais pour elle, et elle le rejettera.

1. Le phallus n'est pas le pénis, mais le symbole des symboles, nommé sans pouvoir être clairement représenté. On pourrait le comparer à la case vide qui, dans le jeu de pousse-pousse, permet à toutes les lettres de se déplacer pour constituer des mots. Dans la conception religieuse du monde, le mot « Dieu » tient cette place. Dans la culture patriarcale qui est la nôtre, on ne s'étonnera pas que ce soit le pénis qui soit source de référence pour l'absolu !

Quatre positions pour la femme

- Renoncer à son père, devenir femme en obtenant d'un autre homme ce qu'elle a cherché chez son père.
- Rester fille, dans le désir imaginaire et inconscient d'avoir un enfant du père.
- Rester fille, dans l'envie éternellement insatisfaite du pénis.
- Être un homme comme son père en devenant phallique (ce qui est aussi une façon de l'avoir).

Le désir d'enfant à travers les générations, pour le père

Si le futur père est resté proche de sa mère, son propre père s'est révélé trop faible pour le séparer d'elle. C'est dire que celui-ci n'aura pas joué le rôle d'un modèle paternel auquel s'identifier et auprès de qui apprendre à devenir père. Bien au contraire, il sera resté dans une relation d'hostilité œdipienne à son père, qui lui rendra difficile de devenir père à son tour (surtout d'un fils).

Lorsque sa femme deviendra mère, ne pouvant pas prendre de place paternelle dans la nouvelle configuration, il se situera comme un enfant de sa femme. Il se placera en rivalité plus ou moins déclarée vis-à-vis de ses fils et de ses filles – ou il tentera avec celles-ci de reconstituer un couple proche de celui qu'il a vécu avec sa mère (difficile d'y résister quand on est une petite fille, et d'y renoncer quand on devient femme).

Si le fils a réussi à renoncer à sa mère, il a rencontré chez son père un modèle d'identification. Ayant résolu avec succès le conflit œdipien, il a pu se choisir une compagne qu'il aime véritablement, et désirer avec elle un enfant.

Le désir d'enfant

Pour être véritable, le désir d'enfant requiert d'être partagé par les deux futurs parents. Il demande la rencontre de deux personnes heureuses de dépasser leurs investissements narcissiques, c'est-à-dire, comme on dit, de « *sortir de soi* » pour se conjuguer dans l'enfant à venir. Deux personnes qui savent reconnaître dans le partenaire une part d'étrangeté qui empêche la fusion souvent désirée dans l'amour. Dès lors, l'enfant est d'emblée porteur d'un mystère, il ne pourra jamais devenir l'objet des parents, car il leur « échappera » toujours, comme ils échappent toujours l'un à l'autre. Ils ne pourront jamais, quel que soit son âge, le maîtriser. Ils ne pourront en faire ce qu'ils veulent, comme on dit. C'est en ce sens que Françoise Dolto dira, après Freud, que l'enfant est une personne. On le voit, c'est la relation entre les parents qui conditionne cette reconnaissance.

Louis Althusser, célèbre philosophe qui souffrit de psychose[1], est un exemple du poids du désir de l'enfant sur sa destinée. Sa mère aimait un homme prénommé Louis qui fut tué durant la Première Guerre

1. À tel point qu'il tua sa femme et finit par se suicider.

mondiale. Le frère de ce Louis Althusser la demanda en mariage à cette occasion. Ils conçurent un enfant… qu'ils appelèrent Louis ! Celui-ci raconte comment il haïssait son prénom, dans lequel il retrouvait le « oui » de sa mère au frère de Louis, qu'elle aima toute sa vie, et le « lui » qui désignait cet homme, son oncle mort à la guerre, dont il était l'enfant de désir bien que son géniteur fût le frère de celui-ci…

Le fantasme d'autoreproduction

Le désir d'enfant se révèle problématique lorsqu'il est lié à ce que l'on pourrait appeler un fantasme d'autoreproduction.

Dans le patriarcat, le père est dans cette logique. Rappelons-nous, Yahvé n'a pas besoin d'une femme pour créer Adam : il le fait tout seul ! De même chez les humains, pour reprendre un langage qui est encore utilisé, le père met sa petite graine dans un terreau féminin, où elle se met à pousser avant de naître… Si (par un juste retour des choses) un anthropologue des îles Trobriand était venu visiter notre beau pays au temps du patriarcat triomphant, il aurait écrit que les Européens ignoraient le rôle de la femme dans la conception, et que, pour conforter la domination sociale de l'homme, les Blancs soutenaient que leurs testicules étaient le siège unique de la vie, qu'ils assimilaient le sperme à une graine végétale (sans doute la trace d'une ancienne religion paysanne ?) appelée semence, et que le rôle de la femme était assimilé à celui d'une terre nourricière, sans plus. C'est pourquoi les hommes blancs croient qu'ils se reproduisent de père en fils, et pourquoi ils dévalorisent leurs filles…

Quand une femme *« prend un homme pour avoir des enfants »*, elle est également dans cette logique de l'autoreproduction. La libération des femmes, on le sait, est parfois la libération de ce désir de se passer d'homme – comme on le constate parfois dans ce que l'on appelle « famille monoparentale » [1]. L'homme est alors considéré comme un étalon hélas nécessaire. Et l'on sait que les promesses actuelles de la biologie laissent espérer que l'on pourra un jour se reproduire seul grâce au clonage.

Ce désir d'autoreproduction est porteur de mort symbolique, puisqu'il passe par l'annulation de l'autre – dans une logique que l'on peut qualifier de narcissique. Il s'oppose également à ce que la science soutient comme vision du monde : il est dit en effet que la vie ne peut subsister que grâce à la différence qu'apporte la reproduction sexuée. Les gènes du partenaire apportent du nouveau, qui conduit à ce qu'apparaissent des rejetons différents de leurs parents. D'une génération à l'autre se produit une diversification, laquelle permet l'adaptation aux évolutions de l'environnement. Si les êtres vivants s'étaient autoreproduits, ils seraient restés semblables à eux-mêmes : il y a longtemps qu'ils auraient disparu !

1. La famille n'est plus, comme la définissait Lévi-Strauss, *« l'union plus ou moins durable de deux individus de sexes différents qui fondent un ménage, procréent et élèvent des enfants »*. C'est sur cette base que s'est fondée l'ethnologie moderne.

Un enfant pour qui ?

Il arrive que l'on fasse un enfant avec un partenaire… mais pour quelqu'un d'autre. Autrement dit, que le désir se distingue de la réalité. Une femme peut par exemple attendre de son compagnon qu'il soit le géniteur, et souhaiter que son propre père joue un rôle essentiel auprès de ses enfants : dans ses fantasmes inconscients, elle n'a pas renoncé à son désir de petite fille de se marier avec son père. C'est pourquoi elle lui destine ses enfants, pour autant qu'elle le peut. Elle peut également, si elle n'a pu se détacher de sa mère, lui dédier son premier enfant en remplacement d'elle-même.

Le père peut également conserver le fantasme d'avoir un enfant avec sa mère. La grand-mère de ses enfants jouera alors auprès d'eux un rôle important, et parfois ambigu, tel que la mère des enfants sera en conflit avec sa belle-mère… Il est impossible de décrire ici toutes les figures possibles. On a vu cependant que ces dérapages sont le plus souvent liés à un complexe d'Œdipe[1] mal résolu.

Il arrive également qu'un enfant naisse pour remplacer un mort : un frère, une sœur, ou un grand-parent. Il lui sera inconsciemment demandé d'être autre que lui-même – un autre qui ne peut être que fantastique puisque sa réalité a disparu. Cette situation est toujours nocive, comme elle l'a été pour Louis Althusser.

1. Le complexe d'Œdipe est décrit en détail au chapitre 6 de la partie II.

L'enfant merveilleux

Avant même sa conception, l'enfant à venir est ainsi rêvé dans les désirs inconscients des parents. Tout ce que les parents ont souhaité devenir sans y parvenir, les enfants devraient le réaliser. Ce souhait aidera l'enfant à se constituer : c'est parce qu'il est, dans l'imaginaire de ses parents, totalement merveilleux, qu'il va pouvoir être un héros capable de conquérir le monde. Car les apprentissages que l'enfant doit parvenir à faire sont titanesques (le mot n'est pas trop fort).

En même temps, la mission qui lui est confiée se révélera forcément impossible. On comprend qu'elle soit lourde à porter – et parfois destructrice quand les exigences parentales sont trop absolues.

Les atteintes à notre volonté de toute-puissance, les renoncements, tout ce que nous avons dû accepter malgré nous pour être accepté, aimé… voilà que la naissance prochaine d'un enfant remet tout en jeu ! Lui va pouvoir réaliser ce que l'on n'a pu faire… Ainsi se trouve-t-il investi de nos rêves les plus fous, et aussi les plus inconscients. Rien d'étonnant, donc, à ce qu'il nous apparaisse comme le plus beau bébé du monde ! En le fêtant, c'est aussi nous que nous célébrons inconsciemment ! L'aimer est donc une façon de nous aimer. C'est pourquoi il va devoir être comme nous l'avons rêvé. Et si nous avons beaucoup souffert dans notre enfance, si nous avons dû renoncer à trop de nos souhaits et de nos ambitions, notre amour va devenir tellement exigeant que nous allons faire de notre enfant l'instrument de nos aspirations… L'enfant devra se plier et renoncer à lui-même, ou se rebeller en constatant qu'il n'a pas été réellement aimé.

Aimer véritablement son enfant, l'aider à grandir et à vivre sa vie, comme on dit, exigera donc des parents de renoncer une seconde fois à leurs rêves d'enfance ; d'accepter ce travail intérieur que leur enfant provoque inévitablement. Voilà peut-être une définition d'une certaine sagesse.

2

De la conception à la naissance

LE TRAUMATISME DE LA NAISSANCE. – L'ÉTAT DE DÉTRESSE. – LA NAISSANCE POUR LA MÈRE. – LA NAISSANCE POUR LE PÈRE.

Depuis Freud, nous avons développé notre connaissance de cette mystérieuse période qui va de la conception à la naissance. On peut y distinguer trois époques :

— Celle de l'embryon flottant dans un liquide amniotique sans fin, dans un état d'indifférenciation.

— À partir du troisième mois, le fœtus perçoit son environnement. Il commence à se distinguer du grand tout dont il faisait partie. Le tact se développe : des palpations de son dos ou de ses pieds entraînent chez lui des réactions. Il entend la voix maternelle, les battements de l'aorte, les borborygmes intestinaux. Il va progressivement entendre des bruits venant de l'extérieur, dont la voix du père. C'est donc le début d'une vie relationnelle. Sans doute est-il très sensible aux états émotionnels de la mère, sans doute les états permanents ou répétitifs de joie, d'angoisse, de fatigue qu'elle peut vivre marquent-ils l'enfant dès sa période prénatale. Ces états sont en étroite relation avec ce que lui fait vivre son compagnon. C'est pourquoi le climat relationnel qu'elle vit avec lui pendant sa grossesse influe sur la formation psychique du fœtus. C'est dire que le père est déjà là par la mère.

— Lorsque le fœtus sera trop à l'étroit, lorsque le placenta ne parviendra plus à le nourrir de façon satisfaisante, il naîtra.

De cette période, Freud a peu parlé, sinon par ce qu'il en a entendu dans les cures qu'il a menées. Car, comme on l'a dit, tout subsiste dans le psychisme, puisque l'inconscient ignore le temps. Freud n'hésitait pas à assimiler le sentiment religieux à ce souvenir d'une fusion harmonieuse avec un « grand Tout » qu'il appelait, à la suite de son ami Romain Rolland, le *« sentiment océanique »* :

> *Notre sentiment actuel du Moi n'est rien de plus que le résidu, pour ainsi dire ratatiné, d'un sentiment d'une étendue plus vaste, si vaste qu'il embrassait tout, et qui correspondait à une union plus intime du Moi avec son milieu. Si nous admettons que ce sentiment primaire du Moi s'est conservé – en plus ou moins large mesure – dans l'âme de beaucoup d'individus, il s'opposerait en quelque sorte au sentiment du Moi propre à l'âge mûr, et dont la délimitation est plus étroite et plus précise. Et les représentations qui lui sont propres auraient pré-*

cisément pour contenu les mêmes notions d'illimité et d'union avec le grand Tout, auxquelles recourait mon ami pour définir le sentiment « océanique »[1].

Pour Freud, ce qu'il appelle le *narcissisme primaire* réfère à cette période caractérisée par l'absence de relation à l'entourage, une indifférenciation psychique (pas encore d'individu, de Moi se distinguant des objets d'amour et d'autrui). Ce narcissisme primaire se distingue du narcissisme tel qu'on le définit habituellement (et qu'on qualifie en psychanalyse de « secondaire »), qui consiste à se prendre soi-même pour objet d'amour, de la même façon qu'on a pu prendre un autre pour objet d'amour. Il s'agit alors d'un reflux, du retour sur soi d'un investissement qui a d'abord été fait d'un objet extérieur.

Du narcissisme primaire au narcissisme secondaire, puis à l'amour d'un objet autre que soi, tel est le parcours dans lequel les parents vont accompagner leurs enfants – quand tout se passe bien, c'est-à-dire quand ils sont à même de renoncer à leur enfant, c'est-à-dire d'accepter de ne plus être son objet d'amour privilégié.

Le traumatisme de la naissance

Si Freud a pressenti la dimension psychique de la naissance, s'il a décrit le sentiment d'angoisse qui l'accompagne, il n'en a pas fait une pièce maîtresse de sa théorie.

1. Sigmund Freud, *Malaise dans la civilisation*, PUF, 1973.

Nous l'avons déjà dit, Freud n'a pas fait toute sa place au rôle de la mère – même s'il a bien sûr reconnu le rôle clé de la femme dans la vie de l'homme, comme en témoigne ce passage où, analysant le thème des trois coffrets développé dans *Le Roi Lear*, Freud conclut ainsi :

> *On pourrait dire que ce sont les trois relations inévitables de l'homme à la femme qui sont ici représentées : la génitrice, la compagne et la destructrice. Ou bien les trois formes par lesquelles passe pour lui l'image de la mère au cours de sa vie : la mère elle-même ; l'amante qu'il choisit à l'image de la première ; et pour terminer, la terre mère, qui l'accueille à nouveau en son sein. Mais c'est en vain que le vieil homme cherche à ressaisir l'amour de la femme, tel qu'il l'a reçu d'abord de la mère ; c'est seulement la troisième des femmes du destin, la silencieuse déesse de la mort, qui le prendra dans ses bras*[1].

Pour Freud, la vie psychique tourne autour d'un axe : le complexe d'Œdipe. Sans dénier son importance, un de ses deux plus proches collaborateurs, Otto Rank, employa le premier le terme de *« complexe pré-œdipien »* en 1925[2]. Pour lui, avant l'Œdipe, qui signe l'apparition du père, l'enfant vit des temps détermi-

1. *Le Motif du choix des coffrets*, in *L'Inquiétante Étrangeté et autres essais*, Gallimard, 1988.

2. Le complexe pré-œdipien est décrit par Jacques Letondal dans « Une source méconnue de l'"irréductible" cruauté humaine : le trau-

nants pour son psychisme, dans la relation à sa mère. C'était mettre en cause l'orthodoxie freudienne[1].

Pour Otto Rank, la naissance est l'expérience d'une première perte, d'une première séparation qui est source d'angoisse, mais aussi de colère. On peut l'observer chez le nourrisson, qui manifeste toujours une angoisse de chute dans le vide et une angoisse de morcellement et de liquéfaction. C'est pourquoi le nouveau-né a besoin d'être enveloppé dans des vêtements qui le contiennent, entouré par le regard et la voix de la mère, par ses bras, le contact de sa peau et son odeur.

Si cette première expérience est oubliée, elle n'en est pas moins présente sous une forme refoulée. Elle va donner un sens aux expériences futures, et nourrir le désir inconscient d'un retour à l'état fusionnel d'avant la naissance. Cette expérience est donc source de haine pour la mère fantasmée comme rejetante, et d'amour nostalgique pour le paradis perdu.

La vie du nourrisson sera en effet jalonnée de séparations : la mère va aller et venir, interrompre les

matisme de la naissance », in *Résilience et rémanence des traumatismes*, revue *Le Coq-Héron* (Éditions Érès), n° 181.

1. Plutôt que de renoncer à ses thèses développées dans son livre *Le Traumatisme de la naissance*, comme le lui demandait Freud, Otto Rank démissionna de ses fonctions de vice-président de la Société psychanalytique et de directeur de la maison d'édition de Freud. Il quitta Vienne et vécut entre Paris et New York, puis s'installa aux États-Unis. Otto Rank devait tout au premier cercle des psychanalystes : ils avaient financé ses études de médecine, Freud l'avait analysé, puis lui avait confié la tâche de secrétaire. Il eut néanmoins la force de ne pas renier ses convictions.

tétées. Le sommeil va imposer une alternance de séparations. Le sevrage va longtemps laisser des traces (sucettes, suçage de pouce…). Toutes ces séparations réactualisent le « traumatisme de la naissance », en devenant de moins en moins traumatiques, au fur et à mesure que l'enfant devient autonome et arrive à se prendre en charge lui-même.

Ainsi, explique Jacques Letondal[1], *« le désir de retour au sein maternel est à la fois refoulé, source d'angoisse (comme un amour maternel étouffant) et, en même temps, réalisé au moyen d'ersatz ou d'équivalence symbolique. La recherche de contenants est perpétuelle : recherche du cocon protecteur, de l'habitation familière (catastrophe du déménagement), du vêtement douillet et protecteur, etc. L'acte sexuel, pour l'homme, est aussi une forme de retour partiel au sein maternel ; la femme revit par procuration, en identification avec son enfant "in utero", un retour au ventre maternel (elle peut aussi vivre mal l'accouchement comme réactivant son "traumatisme de la naissance" et souffrir d'une dépression "post partum"). Enfin la relation amoureuse comme expérience de la fusion est plus ou moins bien vécue selon que le sujet a plus ou moins bien "surmonté" le "traumatisme de la naissance". »*

1. *Op. cit.*

L'état de détresse

Notons que, si Freud n'a jamais reconnu au traumatisme de la naissance un rôle déterminant, il n'en a pas ignoré l'existence.

Dans *Inhibition, symptômes et angoisse*, il décrit comme fondamental le sentiment de détresse que vit l'enfant (en allemand, *Hilflösigkeit* – littéralement : état où l'on est privé d'aide, de soutien), et que l'on pourrait décrire ainsi : incapable de réaliser une action pouvant apaiser ses besoins, le nouveau-né vit un état de tension que son psychisme est encore impuissant à maîtriser.

Cet état apparaît au moment de la naissance, mais il va durer tout au long de l'enfance. Freud explique ce sentiment de détresse par l'état de prématuration dans lequel naît l'enfant humain. On sait en effet aujourd'hui que l'évolution conduit certaines espèces à naître avant terme, ou à ne pas achever leur développement. C'est ainsi le cas de certaines chenilles ou certains vers qui restent à l'état larvaire, et ne deviennent plus insectes comme leurs ancêtres. Pour le sujet humain, cette prématuration semble avoir été très sévère, puisqu'elle le prive des instincts lui permettant d'avoir des comportements réflexes pour assurer sa survie. C'est pourquoi, pour Freud, son

> *existence intra-utérine semble relativement raccourcie en comparaison de celle de la plupart des animaux ; il est moins achevé que ceux-ci lorsqu'il est jeté dans le monde. De ce fait, l'influence du monde extérieur est renforcée,*

la différenciation précoce du Moi d'avec le Ça est nécessaire, l'importance des dangers du monde extérieur est majorée et l'objet, seul capable de protéger contre ces dangers et de remplacer la vie intra-utérine, voit sa valeur énormément accrue. Ce facteur biologique établit donc les premières situations de danger et crée le besoin d'être aimé, qui n'abandonnera plus jamais l'homme.

Cette incapacité de satisfaire par lui-même ses besoins dans la réalité va conduire le nouveau-né à trouver un refuge dans l'imaginaire : pour apaiser un temps ses tensions, il va halluciner le sein qui ne vient pas assez vite. Cette première expérience de satisfaction va imprégner la façon dont il vivra ses désirs tout au long de sa vie : la satisfaction du besoin physique ne suffira pas, il faudra qu'il soit associé (plus ou moins consciemment) à des objets imaginaires anciens et perdus pour qu'il trouve la plénitude.

L'angoisse, dont le prototype apparaît dans l'asphyxie de la naissance, le froid, lié à la nudité du tégument, et le malaise labyrinthique auquel répond la satisfaction du bercement, organisent par leur triade le ton pénible de la vie organique qui, pour les meilleurs observateurs, domine les six premiers mois de l'homme, dira Lacan[1].

1. Dans son article « La Famille », *Encyclopédie française*, tome VIII, 1938.

Enfin, comme l'indique Freud, l'état de détresse conduit l'enfant à un état de dépendance vis-à-vis de la mère d'abord, puis des parents. C'est dire que ceux-ci sont omnipotents, et que l'enfant va chercher à les satisfaire en tout, à se plier au moindre de leurs désirs pour pouvoir survivre – et, quand il le peut, il cherchera à les influencer. C'est pourquoi on peut dire que l'enfant va être littéralement branché sur les désirs inconscients de ses parents et qu'il va, d'une certaine façon, mieux les connaître qu'ils ne se comprennent eux-mêmes ! L'enfant est d'une sensibilité extrême à la manière dont il est tenu, au ton de la voix, à la disponibilité psychique de sa mère et de son père.

Habituellement, cette dépendance totale a un effet séducteur sur les parents : heureux de se sentir indispensables, ils prennent soin de leur enfant. Conscients de sa fragilité, ils trouvent en eux des ressources de patience et de dévouement qu'ils n'auraient pas supposées. Mais ils peuvent également abuser du pouvoir dont ils sont investis.

La naissance pour la mère

Pendant la grossesse, l'enfant n'a pas d'identité corporelle propre. Il n'est qu'un concept, dira Winnicott. C'est dire que la relation de la mère au fœtus est avant tout imaginaire, qu'elle passe par ses fantasmes et les interprétations qu'elle donne à ses sensations corporelles.

C'est d'abord dans l'inquiétude que la mère perçoit sa grossesse. Celle-ci est perçue dans un premier temps comme une désorganisation qui la met en danger et réveille des angoisses inconscientes de mort, et une défense contre ce qui la menace. Il n'y a là rien de néfaste, bien au contraire (même si cela contredit notre souhait forcené de penser la mère comme totalement et seulement bonne !) : cela signe la reconnaissance de l'existence du fœtus pour la mère.

Celle-ci va ensuite revivre sa propre conception à travers celle du fœtus, en s'identifiant à lui, sur un mode fusionnel. C'est-à-dire qu'elle va revivre à travers son enfant le bonheur qu'elle a connu (si tel fut le cas) d'être dans le ventre de sa mère, fusionnée avec elle.

La naissance implique pour la mère la perte définitive de cet objet fusionnel. Elle a souvent du mal à « reconnaître » l'enfant né, et doit créer peu à peu avec lui un lien de familiarité. Le sentiment maternel n'est pas instinctif, contrairement à ce que l'on voudrait croire (que les mères ne se culpabilisent pas quand elles ne se sentent pas viscéralement mères dès le premier instant !).

Ce qui fera dire à Tamara Landau :

> *Donner la vie, pour la mère et pour l'enfant, implique de perdre l'objet fusionnel primordial. À l'origine de la vie, de l'amour et du désir, il y a le désastre*[1].

1. Tamara Landau, *L'Impossible Naissance, ou l'enfant enclavé*, Imago, 2004.

Le mot désastre est ici à prendre dans son sens étymologique : c'est être désidéré, c'est-à-dire en latin « ne plus voir Sidus », c'est-à-dire la constellation d'étoiles qui annonçait « le premier temps » (le printemps)[1]. Avec la naissance, il s'agit donc de sortir de la sidération de l'objet fusionnel, d'être dé-sidéré – autrement dit être ouvert au désir[2]. C'est dire que l'enfant devra être désintriqué de la mère pour devenir un sujet autonome capable de désir. Ce qu'il souhaite et ne souhaite pas à la fois : l'histoire du développement peut se comprendre comme un travail de différenciation très progressive (et jamais terminée dans l'inconscient, qui vit tous les âges du sujet en même temps) de l'enfant vis-à-vis de sa mère. La mère gardera de même en mémoire le lien fusionnel originaire ; une part inconsciente d'elle-même continuera à le rechercher. C'est là, entre autres, que le père pourra intervenir comme tiers, en l'aidant à y renoncer.

La naissance pour le père

C'est dire que la présence du père dès la naissance est importante, pour la mère comme pour l'enfant. Freud n'a guère écrit sur cette situation, ayant peu exploré, comme nous l'avons dit, les phases pré-œdipiennes.

1. Jusqu'au Moyen Âge, le premier jour de l'année était le 1er avril, que l'on fête encore aujourd'hui.

2. Étymologie admirablement décrite par Pascal Quignard dans *Vie secrète*, Gallimard, 1998.

Ses successeurs, cependant, continueront ses intuitions en explorant la place du père dans la relation du bébé à la mère.

Dans les premiers temps, le bébé ne distingue pas clairement le père de la mère ; celui-ci en est plutôt un attribut. On peut dire que c'est *dans* la mère et par la mère que le père existe pour lui. Dans la mère, car la mère est dotée d'attributs phalliques : la pénétration du téton dans la bouche préfigure le schéma du rapport sexuel. Par la mère, car le père structure le désir de la mère. C'est avec lui qu'elle a conçu et qu'elle élève son enfant. La présence du père, nous l'avons dit, permet à la mère de ne pas rester dans un face-à-face avec l'enfant – ce que Freud développe à propos de la situation œdipienne, mais qui est valable dès ce moment. Il faut qu'il y ait du « trois », et non du « deux », pour que le travail de la perte de la fusion originaire puisse s'opérer ; c'est-à-dire pour que l'enfant sorte du registre narcissique, où il est dans une situation d'autosuffisance avec une mère non distinguée de lui, pour qu'il développe des pulsions orientées vers des objets distincts de lui, et sources de satisfaction.

3

L'âge du sein et l'oralité

LES STADES DE DÉVELOPPEMENT. – LE STADE ORAL. – LE SEIN DES SEINS. – LES BIENFAITS DU MANQUE. – LE SEVRAGE POUR L'ENFANT. – LE SEVRAGE POUR LA MÈRE. – LE CARACTÈRE ORAL. – LES TROUBLES LIÉS AU SEVRAGE. – L'AUTO-ÉROTISME ET LE NARCISSISME.

Les stades de développement

L'enfant va passer par plusieurs stades, qui, pour Freud, sont autant d'organisations sexuelles. En psychanalyse, les stades ne se déroulent pas comme en biologie, sur un mode préprogrammé. On peut seulement constater que l'enfant organise sa vie pulsionnelle sur des modes différents selon son âge, et que ces modes d'organisation se succèdent selon un rythme qui est propre à chacun. On ne peut donc se référer à un « développement standard » auquel l'enfant devrait se conformer. Par ailleurs, un nouveau stade n'élimine pas l'ancien, mais vient s'y superposer, et donner un nouveau sens à ce qui subsiste des anciens plaisirs. Par exemple, les plaisirs oraux du bébé subsistent dans le baiser, mais se trouvent dotés d'un nouveau sens, et d'une nouvelle finalité.

Chaque stade peut se définir par le fait qu'une zone particulière du corps est au centre des expériences de plaisir. Dans le stade oral, la bouche est la zone érogène[1] qui organise le monde de l'enfant ; dans le stade sadique anal, c'est l'anus et également la musculature volontaire. Puis vient le stade génital, que l'on pourrait diviser en stade phallique et stade génital proprement dit.

Le stade oral

> *Une première organisation sexuelle prégénitale est l'organisation orale, si l'on veut, cannibalique. Ici, l'activité sexuelle n'est pas séparée de l'ingestion d'aliments, il n'y a pas encore, dans ce cadre, différenciation de courants opposés. L'objet de l'une de ces activités est aussi celui de l'autre, le but sexuel réside dans l'incorporation de l'objet, prototype de ce qui jouera plus tard, en tant qu'identification, un rôle psychique si important*[2].

1. Érogène : source de plaisir.
2. Sigmund Freud, *Trois Essais sur la théorie sexuelle*, Gallimard, 1987.

À sa naissance, il suffit de poser le nouveau-né sur la poitrine de sa mère pour que sa bouche cherche le sein. C'est là un des seuls réflexes instinctifs qui ne requiert pas d'apprentissage (avec celui de la marche, qu'il va bientôt perdre et qu'il devra réapprendre). Dès ce premier moment, le monde du bébé s'organise autour de la sensibilité de la bouche (lèvres, langue et palais). D'où le nom de stade oral donné à cette période de la vie du nourrisson.

« Cannibalique », ajoute Freud. Le bébé mange en effet sa mère, dont il ne se distingue pas encore. Françoise Dolto décrira l'image inconsciente du corps du nourrisson en termes d'interpénétration de la mère et de l'enfant. Celui-ci ingère de la mère par la bouche, qui transite dans le tube digestif, et se trouve réingurgité par la mère à l'anus. C'est dire que le lait crée un continuum qui fait suite à la fusion imaginaire d'avant la naissance[1].

Dans un premier temps, le lait n'est pas distinct du sein. Le besoin d'ingérer des aliments n'est pas séparé du plaisir de la succion. En langage freudien, on dira que les pulsions d'autoconservation (ici, se nourrir du

1. Fusion que les mères entretiennent volontiers lorsqu'elles font peu de place au père. Sinon, elles vivent le fœtus comme déjà distinct d'elles-mêmes, car elles ont intégré qu'il est le produit de leur rencontre avec le père. Ce que l'anatomie confirme : l'utérus n'est pas à proprement parler dans le corps de la femme ; il est plutôt un repli de l'extérieur dans l'intérieur du corps. Ce pour quoi Antoinette Fouques dit, excellemment, que les femmes font l'expérience anatomique de l'accueil de l'autre en soi. Elle y voit la source de leur capacité d'ouverture sociale.

lait pour se maintenir en vie) ne se distinguent pas encore de la pulsion sexuelle (satisfaire l'excitation de la bouche). On a vu que le désir va néanmoins se distinguer progressivement du besoin. Lorsque la mère est absente, le bébé va se livrer aux joies du suçotement, en voyant le sein alors qu'il est absent – car l'enfant ne distingue pas encore clairement ce qui est réel de ce qui est imaginaire, ce qui veut dire que pour lui la réalité psychique prime sur la réalité tout court. Il n'établit pas de différence entre le plaisir apporté par un objet extérieur à lui et l'auto-érotisme, c'est-à-dire le plaisir qu'il se donne à lui-même dans les bonheurs du suçotement. La satisfaction qu'il tire d'un sein qu'il hallucine est une expérience fondatrice. Nous avons dit que l'on a là la formule exacte de tout désir : il s'agit toujours de retrouver imaginairement un premier objet qui est toujours perdu, dit Freud.

> *L'acte d'un enfant qui suçote est déterminé par la recherche d'un plaisir déjà vécu et désormais remémoré. Dans le cas le plus simple, il trouve la satisfaction dans la succion rythmique d'un endroit de la peau ou des muqueuses. Il est également facile à deviner à quelle occasion l'enfant a fait les premières expériences de ce plaisir qu'il aspire désormais à renouveler. La première et la plus vitale des activités de l'enfant, la tétée au sein maternel (ou de ses substituts), a dû déjà le familiariser avec ce plaisir*[1].

1. *Trois Essais sur la théorie sexuelle*, *op. cit.*

C'est pourquoi il est important pour les parents de ne pas confondre le besoin et le désir de l'enfant. Déjà, à ce premier âge, les pleurs du bébé ne signifient pas obligatoirement qu'il ait faim. Il peut simplement avoir envie d'un contact, d'une présence, d'une voix qui viennent prendre la place de la chose perdue, et qui manque. Plus tard, les parents peuvent également confondre ces deux registres, et gaver leur enfant d'objets de toutes sortes, alors qu'il demande plutôt de l'amour.

Il n'y a pas encore, dit Freud, de différenciation des courants opposés – c'est-à-dire entre une dimension active et une dimension passive dans la succion. Ce qu'il corrige néanmoins par une note de bas de page, en rappelant que le psychanalyste Abraham distingue deux phases caractérisées par deux comportements à l'égard de l'objet.

Dans le premier semestre de la vie, la relation du bébé serait plutôt passive. Progressivement, il va s'attacher à l'objet qui lui procure du plaisir, soit le sein soit un biberon qu'il aime sucer et avec lequel il aime jouer même quand il n'y a plus de lait. Petit à petit, l'enfant aime ce qu'on lui met à la bouche et, par extension, il va aimer aussi la mère ou la nourrice qui sont toujours liées au plaisir de la tétée. À ce stade, cette relation d'aimance va servir de modèle : lorsque quelque chose intéressera l'enfant, il le portera donc à la bouche. Sucer un objet entraîne le plaisir d'avoir, qui à cet âge se confond avec le plaisir d'être. Ce premier mode de relation correspond à une identification passive à la mère (si la mère sourit, le bébé sourit ; si elle parle, il gazouille), et le développement de l'enfant se fait en emmagasinant passivement les sensations.

Si la mère est trop intrusive, si elle éprouve des difficultés à se mettre au diapason des désirs et des besoins de son bébé, si elle lui donne le sein ou le biberon avant que l'enfant en éprouve le manque, il peut se sentir envahi par un objet qui devient alors persécuteur. Certaines anorexies trouvent là leur origine, du fait de mères qui apparaissent comme très généreuses, alors qu'elles sont en fait dans l'incapacité d'entendre leur enfant.

Si la mère est trop absente, si elle n'accompagne pas l'allaitement de sourires, de paroles et de regards, l'acte du nourrissage ne prend pas sens, il reste un pur acte de confusion seulement physique. Alors, l'enfant recherche quelqu'un... Il arrive qu'il le trouve dans la contemplation (bientôt autistique ?) du plafond ou d'un objet matériel. Quand une mère n'a pas de goût pour contenir chaleureusement son enfant, c'est souvent qu'elle n'est pas elle-même contenue et soutenue par son compagnon.

Dans le second semestre de la vie, avec la poussée dentaire, l'enfant devient plus actif. Il fait plus que sucer, il mord les objets qu'il porte à sa bouche, mais aussi le sein. Il fait la première expérience de l'agressivité, et la façon dont la mère va y répondre va servir de modèle au développement et au devenir des pulsions agressives, dont on sait la nécessité. Comme on le sait, il faut dans la vie une certaine dose de « mordant » ! Si elle réprime trop l'activité de son enfant, la mère va le contraindre à la passivité. Elle peut aussi installer une relation de type sadomasochiste avec son enfant si elle accepte de souffrir par lui. On peut remarquer que la réponse de la mère est déjà sexuée : elle ne va pas répondre de la même façon si son enfant est une fille ou un garçon, elle va tolérer de ce dernier qu'il lui fasse un peu mal, alors qu'elle va susciter plus de passivité chez sa fille. Les apprentissages sociaux, notamment des rôles masculin et féminin, commencent à se faire dès ce moment.

Le sein des seins

Avec le sein maternel, et la relation qu'il implique, l'humain connaît sa première expérience à la fois de satisfaction d'un besoin et de jouissance liée à la réalisation d'un désir. Il est à la jonction de deux univers qu'il rassemble encore. Être « au sein de », ce peut être *sur* le sein, mais également *dans* le sein, c'est-à-dire, au sens ancien du mot, dans le ventre. Être au sein de la mère, c'est absorber son lait, c'est être également absorbé dans le corps à corps avec la mère. C'est toujours, plus ou moins, un cannibalisme fusionnel. Ce que reflète le statut du sein, que le bébé vit à la fois comme faisant partie de lui, mais comme pouvant être absent.

On peut dire que le sein est l'expérience fondatrice du désir et de la jouissance, d'un premier rapport avec l'autre – du moins les rudiments de ce qui deviendra un autre pleinement différent de soi. Toutes les autres expériences érotiques seront construites à partir de cette première expérience. Notamment le rapport génital, où l'on retrouve un désir de fusion, une relation entre une mère active et pénétrante et un enfant passif et jouissant, et également la peur de manquer.

Car il arrive que le sein s'absente ; que la mère ne soit pas là. On a décrit la première réaction de l'enfant : il imagine le sein. Mais la faim se développant, il ne peut en rester là : c'est alors qu'il éprouve une rage et une impuissance que, petit à petit, il apprendra à élaborer.

Car la mère n'est pas toujours présente – cette mère que l'enfant ne distingue pas encore totalement de lui, on l'a dit. De plus, quand elle n'est pas là, elle n'est pas simplement un objet constitué qui est ailleurs et qui pourra revenir. Ce n'est que plus tard, lorsque l'objet sera véritablement constitué, c'est-à-dire quand l'enfant aura intégré que sa mère existe indépendamment de lui, qu'il saura qu'elle ne disparaît pas quand elle n'est pas là : elle sera ailleurs, elle pourra donc revenir… Même adultes, dans notre imaginaire, nous n'en sommes pas toujours certains…

Pour le bébé, quand elle s'absente, c'est quelque chose de lui qui disparaît, autant dire que le monde entier s'écroule ! Catastrophe insupportable, que certaines mères essaient d'éviter à leur enfant. Au moins tant qu'elles le peuvent : car, heureusement, elles ne sont pas toujours là pour l'enfant ! Et si elles l'étaient, ce serait qu'elles n'auraient aucun autre intérêt dans la vie que leur enfant (pas même le père ou le compagnon) : elles le mettraient dans la situation insupportable d'être pour elles un dieu vivant, elles préviendraient tous ses désirs… ce qui serait une façon de l'en priver car il n'aurait jamais l'occasion de les éprouver ! Rien de plus mortifère que de tout faire pour que son enfant ne manque de rien ! Rien de pire qu'un sein se présentant à la bouche avant que le désir s'en fasse sentir pour le bébé, et qu'il ait la possibilité d'appeler, d'exprimer une demande. Au lieu d'être un objet de satisfaction, il devient intrusif, persécuteur. Gâter un enfant, c'est faire pourrir ses désirs sur pied, et l'empêcher d'exprimer une demande !

C'est dire qu'il faut que l'enfant puisse crier pour que la mère réponde à ce cri. Car c'est parce qu'elle répond que le cri prend le sens d'un appel. En ce sens, gaver son enfant c'est l'empêcher d'entrer dans une relation avec un autre. Et l'on pourrait dire que ce que l'anorexique cherche à créer, c'est une situation où il ne serait plus gavé, où il pourrait enfin appeler, où enfin une demande d'amour (et une réponse) pourrait exister.

Car c'est à partir de l'appel de l'enfant que la dimension de l'amour va pouvoir s'installer. Dans l'appel, ce que l'enfant demande, c'est un objet (« partiel », disent les psychanalystes), le sein ; et dans le fait qu'il y ait une réponse, dans le fait que la mère puisse accorder ou non le sein demandé, il y a progressivement la constitution de la mère perçue comme une personne (un « objet total », disent les psychanalystes). Ainsi le don du sein prend-il progressivement le sens d'un signe d'amour.

Ce signe d'amour va permettre au bébé d'abandonner sa position de toute-puissance native, dans laquelle il est le maître d'un sein qui est à lui ; tellement à lui, a-t-on dit, qu'il fait partie imaginairement de lui. Il va devenir dépendant d'une mère toute-puissante, car c'est elle qui fait don ou non de l'objet. Ce que chacun revit dans ses relations amoureuses adultes : on dépend toujours du don de l'objet du désir qu'à la fois l'aimé(e) détient et qu'il est dans sa personne.

Les bienfaits du manque

Donc, il est bon que le sein vienne à manquer. Son absence va conduire l'enfant à développer sa vie mentale en le faisant passer du *principe de plaisir* au *principe de réalité*[1]. Il n'est plus dans le sein qui le nourrit à volonté (ce que traduisent les mythes des pays de cocagne, comme aujourd'hui la vision libérale du marché, qui « naturellement » ferait que nous ne manquons de rien…) ; il doit faire avec une certaine frustration.

Ce que traduit une observation de Freud sur Ernst, un de ses petits-fils alors âgé de dix-huit mois :

> *L'enfant avait une bobine en bois, entourée d'une ficelle. Pas une seule fois l'idée ne lui était venue de traîner cette bobine derrière lui, c'est-à-dire de jouer avec elle à la voiture ; mais tout en maintenant le fil, il lançait la bobine avec beaucoup d'adresse par-dessus le bord de son lit entouré d'un rideau, où elle disparaissait. Il prononçait alors son invariable o-o-o-o* [fort, « parti » en français], *retirait la bobine du lit et la saluait cette fois par un joyeux « Da ! »* [« Voilà ! »]. *Tel est le jeu complet, comportant une disparition et une réapparition. […] C'est le deuxième acte qui procurait à l'enfant le plus de plaisir*[2].

1. Décrits p. 80-81.
2. *Au-delà du principe de plaisir*, in *Essais de psychanalyse*, Payot, 1963.

On a tous eu l'occasion d'observer ce type de jeu. Devant le miroir, par exemple, où l'enfant joue à disparaître et à réapparaître ; dans les jeux de cache-cache ; et également dans ce jeu particulièrement agaçant des bébés qui jettent obstinément leurs jouets par-dessus bord… attendant qu'on les leur rapporte. Ils procèdent d'une même motivation que Freud résume ainsi :

> *Ce jeu lui permettait de supporter sans protestation le départ et l'absence de la mère. L'enfant se dédommageait pour ainsi dire de ce départ et de cette absence en reproduisant, avec les objets qu'il avait sous la main, la scène de la disparition et de la réapparition.*

Ce jeu comprend deux versants. Tout d'abord, la répétition de l'événement désagréable : la disparition du sein, de la mère. Freud fait observer que cette partie du jeu est répétée bien plus souvent que sa seconde partie (la réapparition) comme si, en agissant lui-même la disparition, cause de frustration, il ne la subissait plus mais en devenait l'acteur. Autrement dit, il serait préférable de se faire mal plutôt que de subir un mal… Ce que réalisaient autrefois les rituels d'initiation. Freud pense également qu'en jetant l'objet désiré, l'enfant tente imaginairement de renverser la situation : au lieu d'être abandonné, il rejette le mauvais objet qui a eu l'outrecuidance de le négliger !

Freud ira plus loin dans ses hypothèses, en supposant que notre psychisme comprend une tendance à répéter ce qui nous a traumatisé, comme ce qui nous a plu. Comme si, pourrait-on dire, les plis que nous avons pris avaient tendance à persister : du côté du plaisir, mais aussi du côté du déplaisir.

Il y a toutefois un deuxième versant à ce jeu : l'objet réapparaît, et c'est alors pour l'enfant le moment d'une intense jubilation. L'objet que l'on croyait disparu à jamais, puisqu'il n'était plus sous notre vue, voilà qu'il existe encore ! Cette leçon est fondamentale : le monde a une persistance, ce qui est perdu n'est jamais perdu – ou du moins pas toujours[1]. Voilà ce que le jeu permet de rappeler, et sans doute même d'inscrire dans le psychisme, grâce à cette sorte d'entraînement en quoi il consiste. Ce qui est perdu reviendra. Et pour installer cette croyance, l'enfant utilise, à la place de la mère réelle, des objets et des mots qui font penser à l'objet perdu : la bobine « est comme » la mère, elle « fait penser » au sein. C'est-à-dire que l'enfant passe d'un registre où il subit passivement des événements réels à un registre symbolique où il manie des significations – qu'on a appelées plus haut des métaphores[2]. Ajoutons que la mère, en parlant spontanément, peut aider son enfant à symboliser cette permanence : *« Maman revient »*, dit-elle…

Tel est le gain essentiel apporté par le traitement du manque : le développement psychique, c'est-à-dire l'accès à un monde de significations où le langage

1. Ce que les religions développent à leur manière, puisqu'elles posent que la mort n'est pas mortelle…

2. Voir page 78.

joue un rôle clé, qui permet de passer, pourrait-on dire, d'un circuit court à un circuit long.

Dans le circuit court, les choses sont là ou pas ; n'existe que la décharge dans l'acte apportant la satisfaction ou la frustration sans solution, génératrice de désespoir et d'agressivité : c'est dire qu'on a alors le nez collé au réel, sans possibilité d'attendre. Dans le circuit long, grâce au jeu de la symbolisation, par le langage, l'enfant devient capable de tolérer une frustration, de faire des détours pour arriver à la satisfaction recherchée : il n'est plus dans la décharge immédiate, il peut développer son intelligence dans des comportements complexes.

On peut constater qu'aujourd'hui beaucoup d'enfants restent pris dans des circuits courts. Disposant d'un langage peu développé, habitués à être satisfaits immédiatement, comme le propose la culture de la consommation, mais aussi comme le font les « bons parents » qui veulent « le bien » de leurs enfants, ces enfants n'ont pas suffisamment l'occasion d'élaborer le manque.

Il est donc essentiel d'accepter de voir son enfant souffrir d'un manque (sans s'en sentir coupable !) et de prendre le temps de l'aider à élaborer ce manque : tout d'abord à en parler, ensuite à trouver des solutions complexes. Il est urgent d'apprendre aux enfants à attendre ! Ainsi apprennent-ils à supporter une certaine tension, et à conserver le désir pour une satisfaction ultérieure. On sait que de plus en plus de parents ne peuvent dire non à leur enfant sans se sentir coupables. C'est qu'ils sont « collés » à lui ; sa souffrance est leur souffrance. S'identifiant à leur enfant, ils ne parviennent pas à se positionner comme parents, ce qui les empêche de l'aider à trouver des limites à son avidité.

Le sevrage pour l'enfant

Ce détour vers un âge plus avancé de l'enfant nous introduit en fait au temps plus précoce du sevrage, qui peut commencer à partir du quatrième mois, et se trouve achevé dans la première année.

Il signe tout d'abord la fin d'une relation biologique ; il redouble en ce sens la naissance, puisqu'il conduit à un éloignement du lieu et du lien originel. Le sein, la continuité de relation qu'il permettait d'établir rappelaient encore l'utérus. Voilà que le paradis d'avant la vie s'éloigne. C'est aussi la perte du corps à corps où l'un se mêle à l'autre. Désormais, la cuiller va faire médiation entre la main de la mère et la bouche de l'enfant. Le sevrage, c'est donc la prise de distance.

Le sevrage représente la perte du premier objet de désir, le sein (ou le biberon dans la proximité des corps). Sa disparition, cette fois définitive, est un tournant essentiel pour l'enfant, un événement qui laissera une trace plus ou moins bonne selon la manière dont il aura été négocié. Il laissera de toute façon une trace permanente dans le psychisme.

Si, comme nous l'avons décrit plus haut, la distinction a été faite entre le sein et la mère, s'il est devenu un objet distinct que l'enfant a pu réclamer et la mère donner ou non, alors le sevrage ne fait pas perdre l'amour de la mère. Il ouvre au contraire un espace d'échange où la parole va pouvoir se déployer. Ce n'est plus le sein qui va occuper la bouche, mais la langue maternelle. De nombreux troubles du langage trouvent là leur origine : ce passage s'est mal réalisé.

Très souvent, l'enfant manifeste assez vite un intérêt pour autre chose que le sein. Il faut savoir repérer ces signes. Si le sevrage est trop précoce, s'il intervient dans la phase que nous avons appelée passive (dans les quatre premiers mois environ), l'enfant n'a pas eu l'occasion de développer une relation active avec le sein, ni une relation d'amour avec la mère. Il risque de rester fixé dans la recherche du sein perdu, car il n'est pas encore en mesure de lui substituer d'autres objets. Il conservera également une certaine passivité : plus tard, il n'aura pas de « mordant ». Il réagit à la disparition du sein en devenant un grand suceur : d'abord de pouce, puis d'autres objets (réels ou symboliques) à l'âge adulte.

Si par contre le sevrage est tardif (dans le second semestre), alors que l'enfant est actif et qu'il prend plaisir à mordre, il pourra être compris comme une punition par privation. C'est son agressivité qui se verra alors condamnée : soit il persistera dans l'agressivité, mais du coup sur un mode autodestructeur, soit il la refoulera. C'est dire qu'il aura du mal à élaborer positivement son agressivité pour la transformer en activité constructrice. Car, contrairement aux valeurs établies, celle-ci est une énergie nécessaire, pour autant qu'elle est bien utilisée.

Les rythmes du sevrage ont une dimension culturelle. Il fut un temps, en France, surtout dans les classes pauvres, où un enfant n'était pas complètement sevré alors qu'il marchait. Dans le cas d'un sevrage tardif, l'enfant a une démarche active vis-à-vis de sa mère, qui se constitue souvent en objet passif. On pourrait dire qu'il se sert lui-même !

Le sevrage pour la mère

Dans les sociétés traditionnelles, la mère n'avait souvent pas de rapport sexuel pendant le temps de l'allaitement. Le moment du sevrage était donc vécu plus fortement que dans nos sociétés, puisqu'il s'inscrivait dans une alternative : être femme, ou mère. Sans doute permettait-il plus facilement à la mère de faire le pas. Si la question ne se pose plus aujourd'hui en ces termes de réalité, la place que fait la femme à son compagnon dans ses désirs joue néanmoins un rôle : est-elle comblée par son bébé, ou a-t-elle besoin d'autre chose ?

Par ailleurs, on l'a dit, la mère revit à travers son enfant sa propre enfance. On pourrait dire que, en un certain sens, elle a été le fœtus qu'elle a porté. De même, la manière dont elle a vécu son propre sevrage va intervenir dans le sevrage de son enfant.

Le caractère oral

Chacun sait les rapports qui existent entre le caractère et les plaisirs de la bouche. Très souvent, le sevrage laisse quelques séquelles : le renoncement au sein a été partiel, il reste recherché à travers des objets qui, symboliquement, le remplacent. Freud, lui-même, fut un grand fumeur devant l'éternel : malgré son cancer du palais, il continua longtemps à fumer ses chers cigares.

Les plaisirs de bouche conservent quelque chose de l'érotisme oral, que ce soit à table ou au lit. Le baiser renvoie bien sûr aux plaisirs de cet âge. D'une certaine façon, heureusement, nous n'avons pas quitté cet âge de l'oralité !

Un sevrage problématique marque donc le caractère. Il fait des orateurs, des chanteurs, des fumeurs, des buveurs. Il intervient également dans les relations où, symboliquement, l'un est nourri par l'autre : c'est le cas des femmes qui, mariées ou non, souhaitent être entretenues, mais également des proxénètes comme des amants et maris généreux en cadeaux divers.

Les troubles liés au sevrage

Nous avons indiqué les rapports entre la libération de la bouche et le développement du langage. Si, inconsciemment, la bouche est toujours occupée par le désir du sein, elle n'est pas disponible pour la parole. Les troubles du langage de l'enfant sont souvent liés à un sevrage douloureux.

L'anorexie

On ne peut réduire l'anorexie à un trouble du sevrage. Tout d'abord parce qu'il y a autant d'anorexies que d'anorexiques, chacun ou chacune étant dans une histoire qui lui est propre. Néanmoins, on peut constater que la relation à la mère et à l'alimentation est centrale dans ce type de souffrance. Ce qui n'exclut pas la question du père, qui, trop souvent, laisse la mère dans un face-à-face avec son enfant.

C'est le cas de l'anorexie du nourrisson, qui peut survenir dès la naissance, ou dans les premiers mois. Le plus souvent, l'anorexie apparaît au moment de l'adolescence, et surtout chez les jeunes filles ; c'est-à-dire au moment où la sexualité génitale apparaît. Le premier signe de l'anorexie réside dans la peur de prendre du poids, que rien de réel ne vient confirmer. Même squelettique, l'anorexique se trouve « trop », comme si elle dérangeait, comme s'il y avait en elle quelque chose qui ne peut être aimé, comme s'il lui était impossible d'être à la place où elle se sent attendue – ce qu'elle exprime sur le thème du « trop de poids ». Ce symptôme peut passer inaperçu, dans la mesure où l'anorexique déploie une activité débordante qui peut donner l'impression d'une grande vitalité. Elle peut ainsi courir jusqu'à la mort, ce qui rend cette affection particulièrement grave. Elle manifeste souvent un refus de la sexualité.

Si l'anorexique cherche à effacer son image, et sans doute la première image que lui renvoie le miroir du regard maternel, on ne peut dire pour autant qu'elle cherche à disparaître. Ce qu'elle met en place, selon elle, c'est au contraire un programme de survie.

Le refus de se nourrir met en cause la mère, l'alimentation étant ici le symbole des nourritures affectives. Pour l'anorexique, il y a quelque chose de « difficile à avaler » dans le désir de la mère. Quelque chose dont la mère n'a pas conscience, et qui renvoie souvent à des transmissions transgénérationnelles. C'est dire que l'anorexie est souvent une histoire de famille ! C'est dans ce contexte que le sentiment d'abandon ou de trahison que vit l'anorexique prend sens : il lui est en effet impossible d'être à la place qu'on lui fait ! Ce qu'on a pu lui faire sentir inconsciemment par des messages implicites tels que : *« Sois autre que tu es »* ou encore : *« Sois toute à moi. »* La mère de l'anorexique est souvent possessive et hyperprotectrice. Elle est à la fois dans le « trop » de plaisir, trop de désir, et le « pas assez » d'affection. Très souvent, le père ne tient pas sa place : il abandonne affectivement la mère, et laisse l'enfant dans un face-à-face avec elle. Celle-ci demande à sa fille d'être là pour elle, d'où une difficulté à s'affirmer comme personnalité séparée de sa mère, à grandir, et à devenir une jeune fille ayant une identité sexuelle. On comprend que la guérison passe par un détachement de la mère, qui souffre autant que sa fille de la situation.

La boulimie

La boulimie se manifeste par la « crise » souvent décrite : la jeune fille (c'est surtout elle qui connaît ce trouble) ne peut résister à l'envie impulsive de manger le plus vite et le plus possible ; plus exactement, d'engloutir, car les aliments, souvent choisis pour leur richesse calorique, sont avalés sans être vraiment mâchés. Ce comportement incontrôlé cesse lorsque, l'estomac rempli, elle éprouve la sensation d'être pleine. Vient alors le temps de la honte, de la culpabilité. Le plus souvent, la boulimique expulse ce qu'elle a dévoré, en se faisant vomir et parfois en s'administrant des lavements. Ce qui explique que l'on est souvent boulimique sans être obèse. Le premier temps manifeste une rage de destruction vengeresse vis-à-vis du sein, le second un rejet de l'angoisse provoquée par ce forfait.

L'obésité

Freud n'a guère évoqué la boulimie, et encore moins l'obésité, qui est un symptôme postmoderne que la culture libérale de la consommation stimule. On peut néanmoins en dire, à partir de Freud, que l'alimentation excessive évoque une oralité heureuse… et interminable ! Quelque chose du sevrage a été évité, le passage du circuit court au circuit long évoqué plus haut ne s'est pas totalement réalisé.

Les toxicomanies

Le terme de sevrage est aujourd'hui associé à celui de la toxicomanie. On parle de cure de sevrage à propos de l'alcool, du tabac, des drogues (il faudrait y ajouter certains médicaments régulateurs du psychisme). Du toxicomane, on peut dire qu'il est pris par l'autre, comme l'anorexique, mais qu'il cherche à s'en défendre. Il cherche aussi à transformer son corps grâce à un produit qui l'installe dans un tel état de complétude que tout désir comme tout besoin se trouvent abolis. Ainsi se met-il hors de portée d'un amour maternel ressenti comme dangereux.

L'auto-érotisme et le narcissisme

On a parlé de l'enfant tétant ses lèvres, ou se procurant grâce à quelque objet un plaisir oral. Ainsi entre-t-il dans l'auto-érotisme, qui n'est pas premier pour

Freud. La libido du nourrisson a d'abord le sein comme objet. Du fait de son inévitable absence, au moins à certains moments[1], on pourrait dire que le nourrisson se prend lui-même pour le sein. Sa libido reflue sur lui, c'est à lui-même qu'il prend plaisir : il s'aime. On sait qu'au cours de la petite enfance les plaisirs du sexe se mêlent, puis succèdent aux plaisirs de bouche. Longtemps, l'enfant va se livrer à la masturbation. Ce qui est tout à fait normal, du moment que le parent n'y participe pas, ne serait-ce que par le regard. Cette dimension érotique se double d'une dimension psychique qui est plus importante. En se retirant des objets pour se retourner sur le Moi, la libido devient narcissique, ce qui paraît hautement souhaitable. Car, sans libido narcissique, l'identité ne pourrait se constituer. Ce que l'on pourrait traduire par : pour être, il faut s'aimer. Rappelons-nous que l'adage chrétien le recommande : *« Aime ton prochain comme toi-même »*, ordonne-t-il, posant l'amour de soi comme une évidence, du moins dans les rapports avec les égaux. Car, on le sait, avec les supérieurs, c'est-à-dire Dieu et ceux qui le représentent (les différents pères), l'humilité est de règle !

Cette constitution de la libido narcissique conditionne la capacité d'aimer tout au long de la vie :

> *La libido narcissique ou libido du Moi nous apparaît comme le grand réservoir d'où sont envoyés les investissements d'objet et duquel*

1. Être « branché » sur le walkman, la télé, ou tout autre objet addictif vise à éliminer ce temps de l'absence.

ils sont à nouveau retirés ; et l'investissement libidinal narcissique du Moi comme l'état originel réalisé dans la première enfance, que les émissions ultérieures de la libido ne font que masquer et qui au fond subsiste derrière elles[1].

C'est dire qu'il est important d'accepter cet amour de soi chez l'enfant. Rien de pire que de lui rappeler sa « petite » condition chaque fois qu'il manifeste sa satisfaction d'être ce qu'il est et de faire ce qu'il fait. Dès qu'on entre dans un rapport de domination avec l'enfant, on ne tolère pas qu'il soit content de lui. Et, à voir la difficulté qu'ont les adultes à dire ce qu'ils ont et font de bon sans avoir le sentiment de se vanter ou de manquer de modestie, on peut penser que leur narcissisme a souvent été entravé.

1. *Trois Essais sur la théorie sexuelle, op. cit.*

4

Le stade sadique-anal et l'apprentissage de l'autonomie

L'ÂGE DU SADISME INTÉGRAL. – LE MOMENT DES PREMIERS INTERDITS. – PROTÉGER L'ENFANT DE SON SADISME. – LE DÉBUT DU COMMERCE. – LES EXIGENCES DU CLIENT. – LES FIXATIONS ANALES. – LA SEXUALITÉ ANALE. – LE CARACTÈRE ANAL. – LES TROUBLES D'ORIGINE ANALE.

La prise de distance vis-à-vis de la mère s'accentue lorsque l'enfant marche et se déplace par lui-même au lieu d'être porté. La maturation du système nerveux s'achève, la myéline entoure les nerfs de leurs gaines, le réseau est au point, et l'unité centrale du cerveau peut émettre ses ordres ! L'enfant a la maîtrise de ses muscles : ceux qui lui permettent de se mouvoir, mais également ceux qui vont lui permettre de retenir ou d'émettre ses excréments.

La situation anatomique de la zone anale, tout comme celle de la zone bucco-labiale, la rend propre à étayer une activité sexuelle sur une autre fonction physiologique. On peut supposer que la valeur érogène de cette zone fut, à l'origine, considérable[1].

Dans la phase orale, l'érotisme s'organisait autour de la bouche. Il s'organise maintenant autour de l'intestin et de l'anus. Ce qui peut nous surprendre : nous avons tout oublié de ces plaisirs, ou presque. Il nous en reste quelques souvenirs sublimés (autant que faire se peut en matière anale !), notamment dans le langage. On sait que notre juron préféré est un mot de cinq lettres. Il fut une période où l'ensemble du tractus digestif était pourvoyeur de sensations fortes, au temps où notre érotisme s'étayait sur la fonction nourricière. L'enfant du stade sadique-anal, lui, en éprouve tous les plaisirs !

Une deuxième phase prégénitale est celle de l'organisation sadique-anale. Ici, l'opposition entre deux pôles, qui se retrouve partout dans la vie sexuelle, est déjà développée ; cependant ils ne méritent pas encore les noms de masculin et de féminin, mais doivent être désignés comme actif et passif. L'activité est entraînée par la pulsion d'emprise par l'intermédiaire de la musculature corpo-

1. Sigmund Freud, *Trois Essais sur la théorie de la sexualité*, Gallimard, 1962.

relle ; c'est avant tout la muqueuse érogène intestinale qui fait figure d'organe sexuel à but passif ; il y a des objets pour les deux tendances mais ce ne sont pas les mêmes[1].

Freud pose donc l'existence d'une expérience passive du plaisir, à ce stade comme au stade oral, pour les garçons comme pour les filles. Il n'y a pas encore de différenciation sexuelle. Si les petits et petites adoptent des rôles sociaux sexués, elle étant plus charmeuse et lui plus agressif, cela n'a pas encore acquis un sens réellement sexué.

Il s'agit d'un auto-érotisme passif, pourrait-on dire, car l'excrément n'est pas encore vécu comme différent du corps. Il faudra que l'enfant élabore l'excrément comme un objet, c'est-à-dire comme le devenir d'un objet mangé. Il faut donc que l'aliment se soit différencié du sein, qui, primitivement, on l'a vu, ne se distinguait pas clairement de l'enfant, ni de la mère. C'est pourquoi le petit enfant est préoccupé de l'avenir de ses crottes : si elles disparaissent, c'est une partie de lui qui se trouve anéantie – avec les angoisses que cela provoque. Si, par contre, elles sont enfouies dans celle qu'on appelle « la terre mère », le cycle oral selon lequel la mère donne à l'enfant et reprend ce qu'il rejette est sauvegardé.

1. Sigmund Freud, *op. cit.*

L'âge du sadisme intégral

> *L'enfant est, en général, porté à la cruauté, car la pulsion de maîtriser n'est pas encore arrêtée par la vue de la douleur d'autrui, la pitié ne se développant que relativement tard. [...] La tendance à la cruauté dérive de la pulsion de maîtriser, elle fait son apparition dans la vie sexuelle à un moment où les organes génitaux n'ont pas encore pris leur rôle définitif. Elle domine toute une phase de la vie sexuelle que nous aurons à décrire plus tard comme organisation prégénitale*[1].

La dimension active de l'érotisme anal évoquée par Freud comprend deux versants que son contemporain Karl Abraham a décrits. Pour lui, l'enfant passe d'abord par une phase liée au plaisir d'évacuer, dont il reste quelque chose dans le langage adulte : « emmerder » quelqu'un, c'est en quelque sorte projeter sur lui des déjections mentales. À ce plaisir de l'excrétion est liée une pulsion de destruction (sublimée plus tard dans le juron qui vise l'avilissement).

La seconde phase décrite par Abraham est celle du plaisir de la rétention. Alors l'autre phase du sadisme apparaît : celle du contrôle et de la satisfaction de garder pour soi, et en même temps de priver la mère du « cadeau » qu'elle demande à son enfant (croit-il)

1. *Ibid.*

quand elle le met sur le pot[1]. Ainsi l'érotisme anal déploie-t-il les deux faces du sadisme, qui vise à détruire l'objet, mais également à le maîtriser.

> *Les enfants qui utilisent l'excitabilité érogène de la zone anale se trahissent parce qu'ils retiennent leurs matières fécales, jusqu'à ce que l'accumulation de ces matières produise des contractions musculaires violentes, et que, passant par le sphincter anal, elles provoquent sur la muqueuse une vive excitation*[2].

L'érotisme anal sous son aspect actif trouve également à se développer dans la décharge musculaire. Ce que Freud appelle la pulsion d'emprise. Enfin l'enfant peut agir selon sa volonté : aller chercher, jeter, courir, frapper. On sait qu'à cet âge il ne s'en prive pas, d'autant plus qu'il n'a pas encore intégré de règle morale. Il est prêt à se débarrasser de tout ce qui se dresse contre sa volonté. S'il ne manquait pas de force ni d'habileté, il serait réellement dangereux. C'est qu'il n'a pas encore acquis ce qu'on pourrait appeler le sens de l'autre : il ne sait rien de la douleur qu'il inflige, car il ne peut pas s'identifier à l'autre. Ce qui conduit certains parents à lui faire subir ce qu'il fait,

1. J'ai décrit ailleurs comment ce sadisme anal trouve à se sublimer dans ce qu'on pourrait appeler la pulsion capitaliste. Voir : Jean-Claude Liaudet, *Le Complexe d'Ubu ou la névrose libérale*, Fayard, 2004.
2. *Ibid.*

pour lui faire comprendre la violence de son geste. Mais pourrait-il le comprendre ? On installe ainsi un rapport de force, plutôt qu'un rapport éducatif…

Le moment des premiers interdits

Comme il est encore peu conscient des dangers qu'il court, l'enfant amène les parents à poser les premiers interdits. Ce qui est un moment important, préparatoire à l'instauration des lois (se distinguant des interdits, comme nous le verrons plus loin).

Il y a dans l'interdit quelque chose d'un rapport de force, puisque le parent impose sa volonté malgré les résistances de l'enfant. Ce qui justifie l'interdit, c'est qu'il vise toujours un bien. Il s'agit en effet soit de protéger l'enfant d'un danger, soit de protéger un autre de la violence de l'enfant.

Les parents n'ayant pas développé pour eux-mêmes un sens moral proposent souvent à l'enfant un registre qui semble lui parler. En effet, puisqu'il s'agit alors d'un vocabulaire anal ! En effet, il y aurait pour eux ce qui est « sale », c'est-à-dire *« caca »*, et ce qui est « propre ». Le sale est alors le mauvais, le mal ; comme le bien est ce qui est propre, hygiénique. On retrouve cela dans notre langage courant. Ne dit-on pas d'une personne qu'elle fait quelque chose de *« malpropre »*, ou encore qu'elle est *« propre »* pour dire qu'elle est correcte ? Cette conception anale de la morale empêche d'accéder au registre éthique. Elle permet l'instauration d'une discipline, la soumission à des règles – qui diffère de l'intégration d'une loi, laquelle permet d'inventer une conduite en se guidant sur une bonne étoile, celle d'un principe.

> *Lou Andreas-Salomé a démontré que la première défense faite à l'enfant, qui a trait au plaisir procuré par l'activité anale et ses produits, détermine tout son développement ultérieur*[1].

Dès lors, l'anal devient le symbole de tout ce qui est défendu, de tout ce qu'il faut écarter dans sa vie : ce qui est *« sale », « caca »*…

Le parent peut être tenté de répondre à l'agressivité de l'enfant par l'agressivité – c'est-à-dire d'imposer les interdits de façon sadique. Il se contente alors de contraindre l'enfant par la force, et peut avoir le sentiment illusoire d'obtenir ainsi un résultat. En fait, l'enfant suit la « loi » du talion : il n'obéit pas, c'est-à-dire qu'il n'intègre pas une bonne raison de se conduire d'une certaine manière, mais il se soumet. Il accepte de se situer dans une relation sado-masochique, c'est-à-dire de jouir de la violence du parent. C'est la seule manière qu'il trouve alors pour ne pas perdre son amour, dont il a un besoin vital. Rappelons-nous que le monde de l'enfant n'est pas le nôtre. Il vit encore dans un univers fantastique où ses parents sont des géants maîtres du monde. Il risque alors d'intégrer cette violence dans son fonctionnement psychique : voilà l'une des sources de la cruauté d'un *Surmoi*[2]

1. *Trois Essais sur la théorie sexuelle, op. cit.*
2. Voir définition p. 81.

qui pourra persécuter l'enfant pendant toute sa vie d'adulte ; il manquera de confiance en lui, se jugera trop sévèrement, et fera de même avec les autres. Sa rigueur ne sera morale qu'en apparence, puisqu'elle obéira à une logique sado-masochique. Son agressivité ne sera pas transformée, elle ne sera pas sublimée pour être intégrée à des buts acceptables (comme l'esprit de compétition ; l'envie d'être le meilleur dans le respect des règles…), elle sera simplement refoulée à l'état brut. Il suffira que les digues psychiques cèdent, et l'adulte retrouvera intacte son agressivité anale infantile. Qu'il acquière du pouvoir avec un soupçon d'impunité, qu'il se retrouve dans une situation sociale où la loi se trouve affaiblie (catastrophe, guerre…), et il développera des comportements indignes d'un être humain.

Protéger l'enfant de son sadisme

Le travail éducatif de transformation du sadisme anal de l'enfant se révèle donc essentiel. Aujourd'hui, il ne se trouve pas toujours réalisé, lorsque les parents ne se sentent pas assurés dans leur position de parent, lorsqu'une mère se retrouve seule à élever ses enfants. L'enfant n'est alors pas protégé de son sadisme par un « plus grand que lui » capable de contenir ses impulsions.

Il ne va pas apprendre à se retenir, à attendre, à remettre à plus tard, il restera dans l'immédiateté de la décharge musculaire. Il pourra alors être un de ces enfants qu'on appelle hyperactifs, soit physiquement soit mentalement ; une hyperactivité qui vise à la fois la satisfaction immédiate et la dépense de l'angoisse qu'il vit de façon constante. L'enfant agressif vit en effet dans l'angoisse de voir son agressivité détruire ses parents, qu'il aime et dont il a besoin. Il se trouve pris dans un cercle vicieux que l'agressivité du parent ne peut que développer. Car, à moins d'être parfaitement et intégralement sadique (ce qui est heureusement rare), le parent agressif a souvent des points faibles, des zones de sensibilité dans lesquels l'enfant va s'engouffrer : quand il ne se soumet pas masochiquement à la volonté parentale, il biaise avec les interdits, il ment, et, dès qu'il le peut, rend au parent la monnaie de sa pièce. Il apprend ainsi à devenir un petit pervers, puis à s'essayer dans les voies de la délinquance. Ce ratage de la transformation du sadisme anal est favorisé par notre culture libérale, qui encourage la mégalomanie individualiste et le darwinisme social (les « meilleurs » éliminent les autres… pour le bien de tous !).

Le début du commerce

Les désirs et les plaisirs de l'enfant ne sont pas encore rassemblés dans ce que Freud appellera *« le primat du génital »*. L'érotisme de l'enfant est encore pluriel : bien que la zone anale soit la plus érogène, il connaît également des plaisirs de peau, de bouche, de sexe ou d'ailleurs, chaque zone jouissant, pourrait-on dire, pour soi. Alors que plus tard, lorsque la zone génitale dominera l'ensemble, les autres plaisirs deviendront seulement préliminaires.

Néanmoins, l'enfant est maintenant sorti de la confusion entre soi et autrui qui régnait au stade oral. S'il n'est pas encore capable de s'identifier à un autre, il est néanmoins capable de l'identifier.

Dans cette phase, la polarité sexuelle et l'objet étranger peuvent déjà être constatés. L'organisation et la subordination à la fonction de reproduction font encore défaut[1].

L'enfant développe des transactions avec autrui, qu'il perçoit comme une totalité clairement différente de lui. Il différencie la volonté de l'autre de la sienne en jouant à dire non.

La défécation fournit à l'enfant la première occasion de décider entre l'attitude narcissique et l'attitude d'amour d'objet. Ou bien il cède docilement l'excrément, il le « sacrifie » à l'amour, ou bien il le retient pour la satisfaction auto-érotique, et, plus tard, pour l'affirmation de sa propre volonté. Par cette dernière décision est constitué l'entêtement (obstination) qui naît d'une persistance narcissique dans l'érotisme anal[2].

L'enfant, dit Freud, fait un choix entre deux positions :

1. *Trois Essais sur la théorie sexuelle, op. cit.*
2. Sigmund Freud, « Sur les transpositions des pulsions plus particulièrement dans l'érotisme anal », *in La Vie sexuelle*, PUF, 1992.

Soit il se fait plaisir à lui-même en retenant l'excrément. Il impose « égoïstement » sa volonté à l'autre, et y trouve le plaisir secondaire, croit-il, de le faire souffrir en le frustrant. Il le domine. Si cette position devient habituelle, s'il s'installe dans l'analité, il restera sur cette position sadique à l'état adulte ; son caractère sera marqué par l'avarice, le sentiment que l'autre désire dérober ce qui est à lui, d'où le développement de comportements sécuritaires. Il sera aussi marqué par ce que Freud appelle l'entêtement, c'est-à-dire la volonté d'imposer sa volonté à autrui sans tenir compte des lois qui viendraient limiter son bon plaisir. Une fois adulte, si l'occasion s'en présente, il gardera pour lui son capital, il l'amassera en en privant autrui… quitte à justifier sa conduite par la théorie politique que l'on connaît !

Soit l'enfant sacrifie une partie de lui à l'amour pour l'objet : il fait cadeau de ses productions à sa mère qui lui a demandé d'aller sur le pot. Une partie de lui, puisque, rappelons-le, pour l'enfant de cet âge, ce qui sort de lui fait partie de son corps. Il s'agit donc ici d'un don suprême, qui représentera le modèle de tous les échanges à venir. Si plus tard le caractère de l'enfant se fixe dans ce sens, il tiendra fortement compte des désirs d'autrui, et il dira facilement : *« Ce qui est à moi est à toi. »* Il sera généreux et solidaire – voire masochiste si ce trait de caractère est exagéré.

Les exigences du client

Ainsi, l'expérience de ce premier échange, de ce premier commerce avec autrui, peut-elle donner une orientation décisive à la façon d'être de l'enfant. Elle est aussi pour le parent l'occasion de se positionner vis-à-vis de son enfant.

Veut-il son « cadeau » à heure fixe et selon un rituel strict ? Enferme-t-il son enfant dans son exigence, ou lui laisse-t-il une marge d'initiative ? L'enfant a-t-il la possibilité de demander le pot, ou d'informer de son besoin ? Le parent fait-il d'une propreté acquise précocement un enjeu d'amour ? Reproche-t-il sérieusement à l'enfant d'être « sale » ? Tolère-t-il que l'enfant exprime quelque chose de son sadisme ?

Les fixations anales

On sait les protestations exprimées contre le mauvais esprit de gauche, selon lequel l'intérêt pour la richesse serait « sale ». Voilà, dit-on, la manifestation d'un esprit encore empreint des vieilles valeurs morales qui n'ont plus cours. Avec la psychanalyse, on dira plutôt que l'intérêt pour la finance, le goût de l'argent et de son accumulation, témoignent d'une fixation anale. La psychanalyse, cependant, n'exprime aucune condamnation morale de la chose, sous peine de sortir de son domaine, qui est celui de la description et de l'analyse des faits, et non celui de la promotion de valeurs. La seule réserve que l'on peut faire à ce sujet est de s'interroger sur la force de cette fixation anale : elle ne peut paraître dommageable que si elle empêche le sujet de connaître d'autres modes de jouissance et de relation à l'autre, notamment génitale.

Mais pourquoi, demandera-t-on, établir une association entre l'argent et les excréments ? C'est qu'elle apparaît régulièrement dans ce que disent ou sous-entendent les patients dans la cure analytique. Freud fut sans doute le premier étonné de faire ce constat :

> *Les relations entre les complexes apparemment si disparates de l'intérêt pour l'argent et de la défécation se manifestent à profusion. Tout médecin qui a pratiqué la psychanalyse sait bien que c'est en empruntant cette voie qu'on peut faire disparaître les cas les plus opiniâtres et les plus durables de ce qu'on appelle constipation habituelle des malades nerveux.*

Voilà encore un tour de cette étrange logique de l'inconscient que nous avons décrite au chapitre 5 de la partie I !

> *Les concepts d'excrément (cadeau, argent), d'enfant et de pénis se séparent mal et s'échangent facilement entre eux.* [...] *Ces éléments sont fréquemment traités dans l'inconscient comme s'ils étaient équivalents les uns aux autres, et comme s'ils pouvaient se substituer sans inconvénient les uns aux autres*[1].

Freud pense que l'excrément est d'abord situé comme cadeau, dans ce que nous pourrions qualifier de premier « marché de l'offre et de la demande ». Le

1. « Sur les transpositions des pulsions plus particulièrement dans l'érotisme anal », *in La Vie sexuelle, op. cit.*

client « maman » attend du fournisseur « bébé » ce que l'on appelle couramment un « produit » : tel est le langage actuel de l'économie. Un produit qui est la « propriété » de l'enfant puisque c'est une partie de lui. Dès lors, il n'y a rien de surprenant à ce que le cadeau soit associé à l'argent. La monnaie n'est-elle pas le symbole en quoi se résument, dans notre société du primat de l'économie, tous les échanges entre humains ? Ainsi l'inconscient connaît-il ce que l'on appelle la marchandisation : pour lui, tout est produit fécal sublimé en valeur monétaire (pas seulement puisque, nous l'avons dit, tous les stades coexistent dans l'inconscient qui ne connaît pas le temps – mais il arrive que certains stades soient plus prégnants que d'autres). Freud fait d'ailleurs remarquer que cette association est très ancienne, même si elle se trouve renforcée aujourd'hui :

> *Partout où a régné ou bien persiste le mode de pensée archaïque, dans les civilisations anciennes, dans le mythe, les contes, les superstitions, dans la pensée inconsciente, dans le rêve et dans la névrose, l'argent est mis en relation intime avec l'excrément. Il est bien connu que l'or dont le diable fait cadeau à ses amants se change en excréments après son départ, et il est certain que le diable n'est rien d'autre que la personnification de la vie pulsionnelle refoulée*[1].

1. Sigmund Freud, « Caractère et érotisme anal », in *Névrose, psychose et perversion*, PUF, 1999.

Freud y retrouve un jeu de l'inconscient autour de la valeur[1]. Ce qui en aurait le plus serait comme ce qui en a le moins :

> *Il est possible que l'opposition entre ce à quoi l'homme a appris à accorder le plus de valeur et ce qui est le plus dénué de valeur, et qu'il rejette comme déchet, ait conditionné cette identification de l'or et de l'excrément.*

La sexualité anale

Une fixation à l'érotisme anal peut également se retrouver dans la vie génitale. Il y a alors équivalence inconsciente entre excrément, pénis et enfant. Ce qui renvoie aux théories sexuelles infantiles, dans lesquelles la conception de l'enfant se fait par les voies digestives, et dont on retrouve la trace à l'âge adulte. Ne dit-on pas « *faire un enfant* » comme on dit « *faire caca* », renvoyant ainsi aux temps de l'enfance où l'on croyait que l'enfant naît par l'anus ? De même, beaucoup de jeunes filles ont pensé que l'on pouvait « *attraper* » un enfant par la bouche, en embrassant un garçon.

La confusion entre anal et génital est certes difficile à accepter, car nous avons tous dû refouler ces plaisirs

1. Ce que nous avons décrit p. 79 comme une métonymie, c'est-à-dire un mécanisme qui établit une continuité entre deux éléments proches. Ici : beaucoup/pas de valeur.

intestinaux, et nous n'avons plus envie de les connaître, ne serait-ce qu'intellectuellement ! Pourtant, si l'on veut approcher ce que vivent nos enfants et que nous avons voulu oublier, il faut sans doute faire ce petit effort…

> *Le pénis a aussi une signification érotique anale indépendante de l'intérêt pour l'enfant. Le rapport entre le pénis et le conduit de membrane muqueuse qu'il remplit et excite se trouve même déjà préfiguré dans la phase sadique-anale.*

C'est dire que certains adultes vivent leur génitalité sur un mode anal : le pénis a valeur de verge d'excrément et le vagin d'intestin. Ce qui explique l'association de la sexualité à la saleté, le dégoût qu'elle peut provoquer, mais aussi un certain intérêt coloré de perversité – et certains mots salaces prononcés pendant l'acte sexuel.

Il reste toujours une dimension anale dans le rapport génital, qui doit être assumée sous peine de dégoût vis-à-vis du sexuel. On en retrouve la trace dans les rôles actif masculin et passif féminin. À cette différence près : être actif n'est pas être sadique, être passive n'est pas être masochiste ! S'il y a fixation anale, c'est-à-dire si la libido de la personne n'a pas su trouver d'autre objet ni d'autre but que ceux de l'analité, on retrouvera des comportements sadiques et masochistes qui ont peu à voir avec une génitalité bien intégrée.

Nous parlons de sadisme quand la satisfaction sexuelle est attachée à la condition que l'objet sexuel subisse des souffrances, des mauvais traitements et des humiliations, et de masochisme quand existe le besoin d'être soi-même cet objet maltraité[1].

L'homme pensera que pour être viril il faut être dominateur, il fera de la femme l'objet de sa violence tout en la méprisant ; pour lui, l'acte sexuel sera une sorte de viol. En ce sens, on peut dire que l'homme macho éprouve une forte fixation anale. Quant à la femme, elle aura à se débattre avec une position masochique dont elle tirera une jouissance ; le plus souvent elle se sentira mal à l'aise avec la sexualité, et la refusera plus ou moins.

Le caractère anal

Tels sont les enjeux dans l'éducation de l'enfant du stade anal : ne pas le fixer dans l'érotisme anal, et l'accompagner dans le désintérêt qu'il va éprouver progressivement à ce propos ; l'amener à transmuer son agressivité en l'aidant à sortir de la logique sadomasochiste.

Si l'enfant reste attaché à l'analité, son caractère une fois adulte présentera les aspects que Freud décrit ainsi :

1. Sigmund Freud, « Angoisse et vie pulsionnelle », *in Nouvelles Conférences d'introduction à la psychanalyse*, Folio Gallimard, 1989.

Les personnes que je vais décrire retiennent l'attention par le fait qu'elles réunissent régulièrement les caractéristiques suivantes : elles sont particulièrement ordonnées, économes, et entêtées.

Plus loin :

L'histoire de la petite enfance de ces personnes nous apprend aisément qu'il leur a fallu un temps relativement long pour devenir maîtresses de leur incontinentia alvi *et qu'elles ont eu à se plaindre, même dans les années ultérieures de leur enfance, d'accidents isolés de cette fonction.*

Et à la fin de ce passage :

De ces indices nous concluons à une accentuation érogène fortement marquée de la zone anale dans la constitution sexuelle qui leur échoit. [...] *Nous devons admettre que la zone anale a perdu sa signification érogène au cours du développement, et présumer alors que la constance de cette triade de propriétés dans leur caractère peut être mise en liaison avec l'extinction de l'érotisme anal*[1].

1. « Caractère et érotisme anal », *in Névrose, psychose et perversion, op. cit.*

C'est dire que l'érotisme anal, plutôt que de disparaître, s'est transposé en traits de caractère.

Le premier de ces traits, dit Freud, réside dans le fait *d'être ordonné*. Pour le caractère anal, les choses doivent être à leur place et, pourrait-on ajouter, propres ! En ce sens, la ménagère maniaque qui tient sa maison dans une disposition parfaite, ou le responsable d'entreprise méticuleux qui tient à une organisation parfaite ont à voir avec l'explosion anale et ses salissures. Voilà qui paraît étonnant, sauf à l'analyste... qui dira que ces personnes ont mis en place un mécanisme de défense contre leur envie de désordre et de saleté, que l'on appelle une *formation réactionnelle*. On peut en donner l'illustration suivante : enfants, elles ont voulu satisfaire les souhaits de leurs parents, sans doute pour ne pas perdre leur amour ; elles ont mis en place, pour lutter contre leur érotisme anal, des contre-feux. Ainsi, devenir un fervent de la propreté sert à lutter contre le penchant contraire, sans doute refoulé, mais qui, à l'état inconscient, n'en est pas moins actif, et va sans cesse chercher à se satisfaire. Ainsi, pourrait-on dire, plus la ménagère astique, plus on peut supposer qu'elle éprouve inconsciemment un irrésistible penchant pour la saleté ! Quelqu'un de froid et de méthodique dépense une grande énergie psychique pour lutter contre son envie de foutre le bordel... Alors qu'une personne en paix avec son analité n'aura pas besoin d'être aussi stricte.

Le second trait du caractère anal est *l'économie*. Le mot lui-même a pris le sens de restriction, de moindre dépense, alors que son étymologie grecque renvoie plutôt aux règles de gestion *(nomos)* de la maison *(eco)* : rien dans ce mot ne dit que ces règles doivent respecter la tempérance. On peut définir des règles pour dilapider son bien ! De même, dit-on le plus souvent, l'économie est la science de la rareté – alors que d'autres penseurs comme Georges Bataille[1] ont estimé que le problème fondamental en économie était de dépenser le surplus. Toujours est-il que ce qu'on entend par caractère économe, c'est le fait de garder pour soi, de ne pas dépenser, de donner à l'autre le moins possible. Il désigne donc toutes les conduites que l'on taxera, sur un registre moral, d'égoïstes. Il est vrai qu'elles font peu de place au désir d'autrui, vécu comme menaçant et envieux, et dont il faut se protéger. On en a vu l'origine plus haut. À l'âge adulte, le caractère anal sera avare de ses sentiments, de ses biens, de tout échange, comme, enfant, il gardait pour lui ses productions.

Le troisième trait du caractère anal décrit par Freud est *l'entêtement*. On sait que les enfants de l'âge anal sont particulièrement têtus. Freud n'entend pas par ce mot la persévérance, mais son exagération. La personne entêtée ne suit qu'une idée, la sienne – sans tenir compte d'autrui, et sans tenir compte non plus des règles de bienséance, ni même des lois. Elle ne connaît que son désir, ou son impulsion. C'est dire que sa volonté est volonté de puissance, qu'elle défend par tous les moyens sa liberté (qui consiste pour elle à ne subir aucune contrainte d'aucune sorte) ; autrement dit, elle est le portrait type de l'individu tel que le conçoit l'individualisme libéral.

1. Georges Bataille, *La Part maudite*, Éditions de Minuit, 1967.

Les troubles d'origine anale

Les troubles obsessionnels

Il arrive que les soucis d'ordre et de propreté soient tellement obsédants qu'ils empêchent de vivre. C'est le cas pour le névrosé obsessionnel qui, par exemple, doit se laver parfaitement les mains, à tel point qu'il lui faut une heure pour le faire, et plutôt cinq fois par jour… Ce qui apparaît d'abord chez l'obsessionnel, ce sont ces rites que l'on qualifie de conjuratoires : il lui suffit de prononcer tel mot, de faire tel acte, et la culpabilité qui le terrasse desserre son étreinte. Un moment seulement. Car le désir inconscient qui a provoqué le sentiment coupable est toujours à l'œuvre, il cherche toujours à se réaliser.

Ce que ces rites cherchent à empêcher, à contenir, ce sont d'abord les mauvaises pensées obsédantes qui l'envahissent, les impulsions qui le poussent à commettre des actes condamnables.

Les idées obsessionnelles les plus courantes sont la peur de la saleté ou des microbes, d'avoir des réactions verbales ou comportementales risquant de blesser quelqu'un ou des pensées répugnantes à caractère sexuel ou blasphématoire, la crainte de tomber subitement malade ; et aussi le besoin, parfois, de conserver tous les objets, même les plus inutiles.

Ces idées expriment de façon déguisée des désirs inconscients qui renvoient au stade sadique-anal. Pour Freud, à qui l'on doit l'identification de la névrose obsessionnelle, celle-ci se caractérise par une fixation ou une régression au stade anal : les désirs inconscients qui sont au soubassement des symptômes sont le sadisme et l'érotisme anal.

Les tics et les TOC

Il arrive aux enfants de passer un temps excessif à se laver, à ranger ou à se livrer à des rituels, d'avoir des tics qui paraissent étranges. Rien d'inquiétant s'ils se produisent à un moment et finissent par disparaître. L'enfant est éminemment plastique, et s'essaie au cours de son développement à bien des comportements qu'il abandonne vite.

En revanche, si ces signes deviennent permanents et l'empêchent de vivre normalement, il faut s'inquiéter et aller consulter. Les pensées les plus fréquentes des enfants victimes de troubles obsessionnels compulsifs (les TOC) sont, par ordre de fréquence, la peur de la contamination ou de la souillure, la crainte qu'il arrive un malheur à soi ou aux autres, la peur d'oublier quelque chose ou de faire des erreurs, le besoin d'ordre et de symétrie, le fait d'être traversé par des pensées interdites, le besoin de prononcer des formules rituelles ou des prières. Ils se sentent obligés d'accomplir des actes rituels tels que se laver, répéter une formule, toucher quelque chose pour se rassurer, vérifier de façon excessive ce qu'ils font, lutter contre des superstitions.

Les TOC sont aujourd'hui bien connus du grand public ; magazines et sites Web en parlent abondamment. Ils touchent de 1 à 2 % de la population, hommes et femmes à égalité. De 1 à 3 % des enfants et des adolescents de moins de seize ans souffriraient de

TOC. Il est important de savoir que 80 % des adultes souffrant de TOC ont vu leur trouble débuter dans l'enfance ou à l'adolescence, et qu'ils ne commencent un traitement que vers trente ans, une fois que les symptômes sont fermement installés ! On aurait pu éviter vingt à vingt-cinq ans de souffrance si les parents et l'école avaient su dépister le trouble. En famille, les parents ont souvent l'impression que l'enfant se livre à des manies désagréables qu'un sermon, une interdiction de la mère ou une colère du père devraient suffire à faire passer. Quand ils n'y arrivent pas, ils insistent, créant ainsi un phénomène d'escalade et d'affrontement inadapté à la situation. Il faut donc savoir entendre la souffrance qu'il y a derrière ces bizarreries, alors que l'enfant a le sentiment de ne souffrir de rien et qu'il juge ses comportements parfaitement justifiés, au point de tenter d'entraîner son entourage dans ses obsessions.

Si la compréhension des TOC est aisée grâce à l'apport de Freud, le traitement reste difficile. Par ailleurs, la mode actuelle du tout-médical et du tout-biologique fait rage ! Ainsi, on peut lire que « *le trouble obsessionnel compulsif, comme le diabète, est une affection chronique* », c'est-à-dire qu'il n'y aurait rien à faire devant un destin de nature biologique… On a cherché à dénicher le gène du TOC. On n'a bien sûr rien trouvé, ce qui n'empêche pas la médecine d'affirmer des croyances qui n'ont d'autre raison que de soutenir sa foi dans le tout-biologique : les TOC auraient, dit-on, « *un rapport avec des traits anxieux de la personnalité, associés à une anomalie génétique concernant le métabolisme d'un neuromédiateur du cerveau* ». On parle aussi de terrain, de prédisposition générale innée, bien que les TOC ne soient pas héréditaires… Sganarelle, le Médecin malgré lui de Molière, le disait déjà : « *Voilà pourquoi votre fille est muette !* »

Dans cette logique, le traitement médical s'appuie sur les antidépresseurs. Les thérapies baptisées du titre ronflant de « cognitivo-comportementales » sont également à la mode. Elles consistent à forcer le patient à affronter les situations effrayantes que représentent ses obsessions, et à le conditionner pour qu'il abandonne ses comportements compulsifs et ses rituels. Le traitement suit un protocole strict et autoritaire qui, en général, rassure les parents. Suite à ce traitement de cheval, rien d'étonnant si l'on constate qu'une proportion notable d'enfants voient l'intensité de leurs TOC diminuer… Mais les auteurs ne décrivent pas les conséquences du fait qu'on n'a pas touché aux causes du trouble : les désirs « mauvais » sont toujours là, et l'on a contraint le jeune patient à ne plus s'en défendre par les moyens qu'il avait trouvés naturellement… Dans le meilleur des cas, il va utiliser ce qu'il a appris en thérapie cognitive pour se constituer une carapace mentale afin de se défendre contre lui-même ; il va constituer ce que l'on appelle un *faux self*, c'est-à-dire un « faux moi » fait d'idées convenables et apprises qui n'ont aucun rapport avec ce qu'il ressent et désire. Devant un faux self, on a toujours l'impression d'une parole fausse – c'est-à-dire qu'il n'y a pas de lien authentique entre ce que la personne dit et ce qu'elle pense vraiment. On éprouve le sentiment de malaise que provoque le fait qu'elle ne se sait pas décalée par rapport à elle-même, comme on le sait vu de l'extérieur. Et la question vient : que se passera-t-il quand les convenances craqueront aux coutures ?

L'instabilité

Si les TOC sont des maladies du Surmoi, c'est-à-dire d'une lutte entre une censure morale et des pulsions agressives anales qui n'ont pas trouvé à se sublimer et à se socialiser, le comportement instable de nombreux jeunes aujourd'hui renvoie à un autre type de carence éducative. Trop souvent, dès deux ou trois ans, ils ont fait la loi à la maison, le père et la mère n'ayant pas le cœur de contraindre et de donner des interdictions à leur cher bambin. Il arrive aussi que, face à des parents maltraitants, ces jeunes n'aient pas trouvé d'autre réaction.

Il existe aujourd'hui une pathologie moderne de la jeunesse, qui semble emprunter bien des traits à l'analité : elle concerne des jeunes qui sont en général peu à l'aise avec le langage, et sont dans le circuit court de la décharge immédiate – instables, agités, incapables de tolérer une frustration comme de prendre en compte les attentes d'une autre personne. Et, de façon inconsciente, très angoissés de n'avoir pas trouvé de limite qui puisse les contenir, et contenir leurs pulsions agressives qu'ils vivent comme dangereuses pour eux-mêmes comme pour les autres : on ne sadise pas les gens qu'on aime ou qu'on souhaiterait respecter sans y laisser des plumes !

On estime que de 5 % à 9 % des jeunes de quinze ans manifestent ce qu'une récente étude de l'INSERM qualifie de *« troubles des conduites » ;* et que ce pourcentage monte à 17 % dans les classes dites « d'adaptation ».

On passera sur le caractère moralisant de cette dénomination (peu médicale ou scientifique !), qui laisse entendre qu'il y a de bonnes et de mauvaises conduites, plutôt que de souligner la souffrance psychique qu'elles manifestent. Cette étude les définit ainsi : *« répétition et persistance de conduites au travers desquelles sont bafoués les droits fondamentaux d'autrui et les règles sociales »*. Elle estime qu'elles doivent être *« considérées comme un facteur de risque de délinquance sur lequel on peut agir »*. Il est ajouté que le dépistage[1] doit commencer vers les trente-six mois ! En effet : c'est au moment du stade anal, comme nous l'avons vu, que l'éducation du sadisme et du premier rapport aux lois doit se faire.

Il serait pourtant trop facile, pour expliquer ce phénomène, d'incriminer seulement une carence parentale. Si elle existe, elle a ses causes, dont les parents souffrent autant que les enfants : on le sait, la pauvreté, souvent liée au chômage et à la marginalisation sociale, et plus généralement des conditions de vie dégradées, sont mauvaises conseillères !

1. Et, en même temps, la mise en fiche : l'enfant étiqueté à la maternelle devra porter son handicap pendant toute sa scolarité !

5

Le stade phallique et la découverte des sexes

Il n'existe qu'un seul sexe. – La castration primaire. - Les résistances à la castration primaire pour la fille. – Les aléas de la castration primaire pour le garçon. – Engendrer et mourir. – Parler à ses enfants.

À trois ans, un enfant sait bien qu'il est un garçon ou une fille. Il a déjà intégré les comportements sociaux que ses parents et son entourage lui prescrivent (le plus souvent sans s'en rendre compte). C'est un vrai petit homme, actif et entreprenant, c'est une petite femme, séductrice et habile dans les jeux du langage… Pour l'enfant, être un homme consiste à porter un pantalon et à bricoler dans la maison, être une femme consiste à porter une robe et à s'occuper des bébés. Mais il n'y a pas pour l'enfant de différence claire entre l'un et l'autre.

Le petit garçon perçoit certainement la différence entre les hommes et les femmes mais, tout d'abord, il n'a pas l'occasion de la mettre en relation avec une diversité de leurs organes génitaux. Il lui est naturel de supposer chez tous les autres êtres vivants, humains et animaux, l'existence d'un organe génital semblable à celui qu'il possède lui-même, et nous savons même qu'il cherche aussi dans les choses inanimées quelque chose d'analogue à son membre.

Cette partie du corps facile à exciter, qui se modifie et qui est si riche en sensations, occupe au plus haut point l'intérêt du garçon et assigne constamment de nouvelles tâches à sa pulsion d'investigation. Il voudrait le voir aussi chez d'autres personnes afin de le comparer avec le sien propre, et il se comporte comme s'il avait une vague idée du fait que ce membre pourrait et devrait être plus grand. La force motrice que cette partie virile déploiera plus tard à la puberté se manifeste à cette époque essentiellement comme besoin pressant d'investigation, comme curiosité sexuelle. Bien des actes d'exhibition et d'agression que l'enfant commet et qu'à un âge plus avancé on considérerait sans hésitation comme manifestations de lubricité s'avèrent pour l'analyste être des expériences au service de l'investigation sexuelle[1].

1. Sigmund Freud, « L'organisation génitale infantile », *in La Vie sexuelle*, PUF, 1992.

Il n'existe qu'un seul sexe

À cet âge, l'intérêt pour les organes génitaux, et la centration sur un objet d'amour (le père ou la mère) plus ou moins unique ne le cèdent en rien à ce qui se passera après la puberté, au moment de la maturité génitale. Mais il y a une différence de taille, qui ne tient pas à l'anatomie mais à l'imaginaire. L'enfant, dit Freud, est persuadé qu'il n'existe qu'un seul sexe :

> *Le caractère principal de cette « organisation génitale infantile » est en même temps ce qui la différencie de l'organisation génitale définitive de l'adulte. Il réside en ceci que, pour les deux sexes, un seul organe génital, l'organe mâle, joue un rôle. Il n'existe donc pas un primat génital, mais un primat du phallus*[1].

Un primat du phallus, écrit-il, et non du pénis. C'est qu'il s'agit moins d'un organe réel que d'un signe, d'un emblème de la puissance du père comme de la mère. C'est, diront des psychanalystes après Freud, qu'on est renvoyé avec le phallus à un ensemble d'idéaux, une culture, un symbole qui structure notre vie mentale et, à proprement parler, notre façon de voir. C'est pourquoi, comme l'écrit Freud :

1. *Ibid.*

On sait comment [les garçons] *réagissent aux premières impressions provoquées par le manque de pénis. Ils nient ce manque et croient voir malgré tout un membre ; ils jettent un voile sur la contradiction entre observation et préjugé, en allant chercher qu'il est encore petit et qu'il grandira sous peu, et ils en arrivent lentement à cette conclusion d'une grande portée affective : auparavant, en tout cas, il a bien été là et par la suite il a été enlevé*[1].

Ce système de croyances sur lequel s'appuie l'enfant renvoie au patriarcat décrit dans la Bible, qui imprègne encore notre vie mentale : un patriarcat partageant le monde, lui aussi, entre des hommes et des non-hommes – les femmes n'étant pas reconnues comme telles.

Le manque de pénis est conçu comme le résultat d'une castration et l'enfant se trouve maintenant en devoir de s'affronter à la relation de la castration avec sa propre personne. Les développements ultérieurs sont trop bien connus pour qu'il soit nécessaire de les rappeler ici. Nous avancerons seulement : l'on ne peut apprécier à sa juste valeur la signification du complexe de castration qu'à la condition de faire entrer en ligne de compte sa survenue à la phase du primat du phallus[2].

1. *Ibid.*
2. *Ibid.*

On voit ici apparaître une série de notions qui peuvent sembler obscures, telle la castration. Quant à la notion de primat du phallus et de l'inexistence à ce stade de la connaissance du sexe féminin, elle ne peut que déplaire au moins à la moitié de l'humanité !

Car la fille partage cet imaginaire avec le garçon :

> *Elle remarque le grand pénis bien visible d'un frère ou d'un camarade de jeu, le reconnaît tout de suite comme la réplique supérieure de son propre petit organe caché, et dès lors elle est victime de l'envie du pénis*[1].

Aujourd'hui encore, on est prêt à refuser ces barbaries freudiennes que sont la castration et, pire encore, le fait que les femmes seraient en proie à l'envie du pénis ! À l'époque de la parité hommes-femmes, ces vieilleries ne seraient plus de mise… C'est que l'on confond le registre du souhait et celui du constat. Les refuser revient à fonctionner selon le principe de plaisir, selon lequel les choses doivent être comme on a envie qu'elles soient ! Freud fut le premier étonné de découvrir ces bizarreries de l'inconscient enfantin, qui n'existeraient peut-être pas si nous n'étions pas encore plongés dans notre culture patriarcale – quant à celle-ci, il ne suffit pas de décréter qu'elle n'est plus valable, qu'on n'en veut plus, pour qu'elle disparaisse. Son

1. « Quelques conséquence psychiques de la différence anatomique entre les sexes », *in La Vie sexuelle, op. cit.*

dépassement requiert un travail dans la durée… En attendant, bien des femmes libérées transmettront elles-mêmes le mythe patriarcal qu'elles refusent. Par exemple, elles expliqueront encore à leur enfant que *« papa met une petite graine dans le ventre de maman »*, perpétuant ainsi l'idée que la vie est du côté du père et que la femme n'est qu'une terre nourricière, qu'elle ne participe donc pas vraiment à la création de la vie…

La castration primaire

Dans cette logique phallique où n'existe que le sexe mâle, toute personne dépourvue de l'organe en a été privée : on le lui a coupé. Pour la fille cela a été fait, ce qui lui apporte une certaine tranquillité : elle n'a plus à craindre cette mutilation – alors que cela pourrait arriver au garçon. L'un et l'autre abordent donc la sexualité dans des logiques différentes, même s'il n'existe qu'un seul sexe à leurs yeux. Les enfants sont même si certains qu'il n'y a qu'un seul sexe, qu'ils croient d'abord que seules de rares personnes ont subi cet accident, ce châtiment. La plupart restent dotés de l'organe emblématique… surtout leur mère ! Aux yeux du petit enfant, il est en effet impensable qu'une personne si puissante et dotée de tant de merveilleuses qualités ait subi une telle mutilation ! La fille, surtout, a besoin d'y croire : puisque sa mère est dotée d'un phallus, elle pourra lui donner ce qui lui manque, ou qui n'a peut-être pas encore poussé ?

Loin de généraliser, l'enfant croit que seules des personnes féminines indignes ont payé amende de l'organe génital, des personnes qui vraisemblablement se sont rendues coupables comme lui-même d'émotions défendues. Mais des femmes respectées, comme sa mère, gardent encore longtemps le pénis. Pour l'enfant, être femme ne coïncide donc pas encore avec manque de pénis[1].

« Manque de pénis » : dans la logique phallique, s'entend. Car, au stade génital, seront reconnus, raisonnablement, l'un et l'autre sexes... sans que la logique du phallus disparaisse pour autant au niveau inconscient !

Il n'est pas, comme le dit Freud, que la fille pour se juger castrée. Le garçon aussi : parce que son père est plus grand et fort que lui, parce qu'il peut être castré par son père s'il commet des méfaits. Mais aussi parce que le garçon comprend qu'il ne connaîtra pas la puissance féminine de sa mère : il ne portera jamais de bébé dans son ventre.

Ainsi, si le rapport à la castration n'est pas le même pour le garçon et la fille, à tous les deux il manque quelque chose. Cette incomplétude vient signer la fin de la mégalomanie primaire que l'on a décrite plus haut : le narcissisme de la toute-puissance et de l'autosuffisance en prend un coup... quand la *castration primaire* selon laquelle on est seulement d'un sexe ou d'un autre est acceptée ! Car il arrive, symboliquement, que l'on soit d'un sexe *et* de l'autre, c'est-à-dire d'aucun ! Cela commence avec la grammaire, selon

1. « L'organisation génitale infantile », *in La Vie sexuelle, op. cit.*

laquelle certaines fonctions de pouvoir sont du genre « masculin neutre » : ainsi parlera-t-on d'« un » juge, d'« un » président (Yahvé aussi est « masculin » de cette manière : il est père et mère à la fois). Cela continue avec la mode unisexe, et, plus profondément, la volonté libérale de ne pas être « *enfermé* » dans son identité sexuelle (*cf.* la mode de la pensée *queer*, du transsexualisme, le fait de ne pas vouloir établir de différence entre l'hétéro- et l'homosexualité).

C'est dire que, contrairement aux apparences, le sexe reste un scandale car il nous empêche d'être autosuffisant. Nous faisant sortir de l'auto-érotisme, que Freud ne cesse de repérer à l'époque infantile, il oblige à passer par l'autre pour trouver une satisfaction.

Les résistances à la castration primaire pour la fille

Une fille restée fixée à ce stade pourra ressentir un sentiment plus ou moins inconscient de blessure narcissique. Elle pourra alors nourrir des plaintes diverses signifiant le regret de ne pas être pourvue de l'attribut phallique, et exprimera symboliquement son envie du pénis dans divers comportements, parfois encore à l'âge adulte. Elle pourra aussi réagir en devenant un « garçon manqué », c'est-à-dire en faisant comme si elle était un garçon, et plus tard un homme. Freud décrit quelques conséquences pour la fille. Et tout d'abord le refus de son anatomie :

> *La petite fille refuse d'accepter le fait de sa castration, elle s'entête dans sa convic-*

tion qu'elle possède bien un pénis, et est contrainte par la suite à se comporter comme si elle était un homme[1].

Il estime que, si les femmes sont plus enclines à être jalouses et envieuses que les hommes (qui, eux, sont plus facilement dans la rivalité et la domination ou la soumission), c'est qu'elles trouvent à déplacer dans divers comportements une envie du pénis mal résolue.

« *La relation tendre à la mère en tant qu'objet* », dit Freud, se trouve distendue. La fille tient sa mère pour responsable du fait qu'elle n'a pas de pénis. C'est elle qui l'a faite ainsi, incomplète, et elle lui en veut ! Il faudra que la mère ne soit pas inconsciemment convaincue de la supériorité phallique, qu'elle soit dans une vraie logique génitale reconnaissant les deux sexes, pour permettre à sa fille de se déloger de cette position, et de devenir fière d'avoir un jour des seins et un « *enfant dans son ventre* ».

Le fait que les filles se détournent plus facilement que les garçons de la masturbation est lié pour Freud à une difficulté d'accepter la castration primaire :

> *Elle est vivement dégoûtée de cette activité source de plaisir par un facteur parallèle. Ce facteur, il ne faut pas aller le chercher bien loin ; ce devrait être l'humiliation narcissique qui se rattache à l'envie du pénis,*

1. « Quelques conséquence psychiques de la différence anatomique entre les sexes », *in La Vie sexuelle, op. cit.*

l'avertissement qu'on ne peut pourtant pas tenir tête sur ce point au garçon, et qu'il vaut donc mieux s'abstenir de lui faire concurrence. C'est ainsi que la reconnaissance d'une différence anatomique entre les sexes écarte la petite fille de la masculinité et de l'onanisme et la met sur de nouvelles voies qui conduisent au développement de la féminité[1].

Le bénéfice que la fille en tirerait serait donc de détourner son intérêt érotique du clitoris, pour laisser une place aux sensations vaginales.

Ces propos freudiens ont été jugés antiféministes. On a voulu voir dans ses constats un discours décrivant ce que devrait être l'éternel féminin. C'est même sans doute le point qui a été le plus critiqué chez Freud : il n'aurait rien connu au féminin, sous prétexte qu'il aurait accepté de dire (comme il le fit sur bien d'autres points) qu'il ne connaissait pas tout de la femme, que son fonctionnement psychique restait, selon son mot fameux, un *« continent noir »*. C'est dire qu'on l'a tenu pour responsable d'un état culturel patriarcal qu'il ne fit que décrire : un état culturel marqué par l'idéologie du primat du phallus, et qui utilise la différence anatomique pour faire passer pour naturelle la domination masculine et la dévalorisation du féminin – ce que Roger Zagdoun qualifiera de *« névrose de l'en-plus*[2] *»*.

1. *Ibid.*
2. Roger Zagdoun, *Droite et gauche, paranoïaques et déprimés*, Encre, 1986.

Rien d'étonnant pour Freud, qui dira que le roc sur lequel vient souvent buter la cure analytique est justement la castration, pour les hommes comme pour les femmes. Il y a, dans le fait de n'être qu'un homme ou qu'une femme, un déficit narcissique inacceptable car il blesse notre désir inconscient de toute-puissance – encore plus inacceptable pour la femme quand la culture en fait un être qui, ayant « en moins », se trouverait « être moins ».

Les aléas de la castration primaire pour le garçon

Le garçon tire un bénéfice apparent de cette logique phallocratique. Il cherche souvent à surcompenser son manque féminin en survalorisant son sexe : décrétant que l'autre sexe n'est « rien », il est fier d'être du sien !

> *De cette rencontre* [avec le sexe féminin] *naîtront deux réactions qui peuvent se fixer et détermineront alors, soit séparément, soit ensemble, soit encore en liaison avec d'autres facteurs, son comportement durable à l'égard des femmes : horreur de ces créatures mutilées ou mépris triomphant à leur égard*[1].

1. « Quelques conséquence psychiques de la différence anatomique entre les sexes », *in La Vie sexuelle, op. cit.*

Engendrer et mourir

La découverte de la différence des sexes ouvre un univers à l'enfant. S'il y a deux sexes, ils servent à quelque chose. Même s'il continue de tenir à ses théories infantiles concernant la sexualité et l'origine des bébés, lesquelles sont encore attachées à l'érotisme digestif (bouche et anus) du stade oral, l'enfant commence à comprendre à quoi servent le pénis et le « trou » (la fille n'ayant de son vagin qu'une connaissance inconsciente, ou incertaine). Pour faire un bébé, il faut un homme et une femme. C'est dire qu'il y a un début à la vie… ce qui implique qu'elle ait une fin.

Avec la castration liée à la différence des sexes, l'enfant sort de la magie de la toute-puissance imaginaire dans laquelle il était encore pris, pour intégrer une réalité ayant des contours, des limites, et des repères. Il acquiert une méthode de classement que l'on retrouve dans toutes les cultures traditionnelles : celle du liquide et du sec, du chaud et du froid, du lumineux et de l'obscur… du yin et du yang ! Ainsi, toute chose se voit dotée d'une vertu féminine ou masculine. L'enfant sort de l'éternité, il entre dans le temps de la vie individuelle et de la vie collective. Il sait qu'il fut un temps où il n'était pas, qu'il a été conçu et qu'il est né, qu'il sera un jour adulte et qu'il mourra. Il sait aussi qu'avant lui ont vécu ses parents, ses grands-parents, et bien des générations, et qu'il donnera vie à des enfants qui auront des enfants. Il se situe dans l'ordre des générations : il y trouve sa place, mais rien que sa place. Parce qu'il est limité à ce qu'il est, il se trouve à exister, à acquérir une identité. D'être castré, il trouve une puissance d'être : tel est le paradoxe.

Parler à ses enfants

L'âge de la castration primaire est donc l'âge de la métaphysique, où s'ouvre pour l'enfant la perspective du temps, de la vie et de la mort. C'est l'âge des grandes questions… et de la perplexité des parents ! Qu'est-ce que la mort ? Qu'est-ce que la vie ? Qu'est-ce que le sexe ? Qu'est-ce que faire l'amour ? Être un homme ? Être une femme ? Qui de nous est en mesure de donner des réponses claires à ces questions ? Qui sait ce qu'il laisse transparaître des hésitations, des refus, des souffrances plus ou moins inconscientes que soulèvent ces questions ?

Dans leurs réponses, les parents transmettent leurs positions personnelles comme la culture qu'ils partagent. Par exemple, ils vont inscrire leur enfant dans une vision religieuse pour lui donner une réponse à la question de la mort. Il est donc essentiel qu'ils considèrent leur enfant comme une personne douée de pensée plutôt que comme un bambin innocent ayant des « mots d'enfant », et qu'ils répondent véritablement aux questions posées, sans chercher à les fuir.

Comment fait-on les enfants ? Ce n'est ni une affaire de piston et de cylindre (version mécanique), ni un acte réflexe animal (version biologique), ni une tendresse seulement spirituelle (version angélique). C'est une affaire d'amour et de désir pour laquelle chaque parent doit trouver ses propres mots, avec suffisamment de distance et de vérité à la fois. Car, pour l'enfant, parler d'amour c'est un peu le faire. C'est pourquoi les propos doivent à la fois être chastes et vrais.

Pour la mère, il est important qu'elle soit bien dans son sexe, afin de permettre à sa fille d'être bien dans le sien. Elle risque sinon de lui transmettre une position ambivalente face aux hommes, faite à la fois de soumission et de révolte. Il faut aussi qu'elle soit suffisamment détachée de ses enfants pour ne pas traduire en relation incestueuse plus ou moins inconsciente la relation fusionnelle qu'elle a pu connaître avec eux.

Le père également doit savoir trouver la bonne distance vis-à-vis de sa fille mais aussi de son garçon. Et s'interroger sur l'identité sexuelle qu'il va transmettre et manifester : masculinité, ou machisme ?

Il serait étonnant que les parents trouvent toutes les réponses définitives à ces questions fondamentales ! C'est ce qui va permettre à l'enfant, souvent pour la première fois, de comprendre que ses parents eux aussi connaissent des limites. Ils ne sont pas tout-savants et tout-puissants. Ainsi l'enfant va-t-il commencer à sortir du monde fantastique de la petite enfance pour entrer dans le monde de la réalité humaine.

6

Le complexe d'Œdipe et l'entrée dans l'humanité

LES THÉORIES SEXUELLES INFANTILES. – ŒDIPE ET LE MYTHE. – L'ŒDIPE POUR LE GARÇON. – LE COMPLEXE DE CASTRATION DU GARÇON ET SA SORTIE DE L'ŒDIPE. – L'ŒDIPE INVERSÉ DU GARÇON ET LA BISEXUALITÉ. – LIQUIDER LE COMPLEXE D'ŒDIPE, C'EST DEVENIR VÉRITABLEMENT HUMAIN. – L'ENTRÉE DANS L'ŒDIPE POUR LA FILLE. – L'ŒDIPE INVERSÉ CHEZ LA FILLE. – LA SÉDUCTION ET LE PHALLUS. – LA SORTIE DE L'ŒDIPE CHEZ LA FILLE.

La question de l'origine est la première que se pose l'enfant : *« D'où je viens ? »* Cette première réflexion (que l'on peut qualifier de philosophique, puisqu'il s'agit déjà de résoudre l'énigme de la condition humaine) consiste à penser la genèse avec les repères et les moyens dont l'enfant dispose à cet âge. Notons qu'il montre une grande sagacité : il cherche une réponse plutôt du côté de la sexualité que de la religion !

Les théories sexuelles infantiles

C'est souvent la venue d'un petit frère ou d'une petite sœur qui amène l'enfant à se poser cette question de l'origine. Son premier réflexe est de s'adresser à ses parents. Si les temps ne sont plus aux légendes du chou ou des cigognes, il arrive que leur réponse soit néanmoins embarrassée. L'enfant croit rarement aux sornettes qu'on peut lui raconter à ce propos (même s'il fait mine d'y croire par politesse !). Il en tire pourtant une leçon : il y a quelque chose de caché, de trouble, et donc d'interdit, dans cette histoire de conception et de sexualité, puisqu'on ne lui répond pas simplement ! Et il risque de « penser mal », c'est-à-dire de façon disharmonique : restant écartelé entre ce qu'il pense par-devers lui et ce que disent ses parents, il croira à deux vérités à la fois, de façon clivée, sans cohérence possible. Le bébé naît dans un chou, mais il est dans le ventre de la maman !... C'est l'une des origines de l'incapacité de penser avec logique. On comprend bien qu'il n'est pas utile, par négligence ou faiblesse, de placer son enfant dans cette situation !

> *Je ne crois pas qu'il y ait une seule bonne raison pour refuser aux enfants les explications qu'exige leur soif de savoir. Certes, si l'intention de l'éducateur est d'étouffer le plus tôt possible toute tentative de l'enfant*

de penser indépendamment, au profit de l'« honnêteté » si prisée, rien ne l'y aidera mieux que de l'égarer sur le plan sexuel, et de l'intimider dans le domaine religieux. Les natures plus fortes résistent bien sûr à ces influences ; elles deviennent rebelles à l'autorité des parents et, plus tard, à toute autorité[1].

Nous avons déjà décrit la première théorie sexuelle infantile, selon laquelle tous les êtres humains, femmes et hommes, seraient dotés d'un pénis. Les hermaphrodites de la statuaire grecque en sont la parfaite illustration, ainsi que le mythe platonicien de l'amour : au commencement, nous aurions été entiers, mâles et femelles à la fois, et nous chercherions notre moitié perdue… Nous avons dit que cette théorie du primat du phallus s'élaborait sur la base du mythe patriarcal inhérente à notre culture biblique. Dieu, comme le phallus, sont en effet des idéaux emblématiques qui trouvent existence dans le mot qui les nomme – des mots qui permettent de composer une vision religieuse du monde (juive, chrétienne ou musulmane). Remarquons que la collusion est forte entre l'idéal du Dieu biblique et l'idéal phallique : Yahvé, lui aussi, est hermaphrodite, puisqu'il est à la fois père et mère d'Adam. Dans ce mythe de la Genèse, où n'existent au départ que les hommes, il fallait bien faire une place aux femmes, sous peine de perdre toute crédibilité.

1. « Les explications données aux enfants », *in La Vie sexuelle, op. cit.*

C'est pourquoi Yahvé trafique le côté d'Adam pour lui faire un enfant. Ainsi Ève est-elle l'enfant de son mari (et, comme telle, elle lui doit respect et obéissance), et son père est Yahvé. Resituée dans ce contexte culturel, la théorie infantile du phallus pour tous ne paraît plus si absurde. Pourquoi les mères ne seraient-elles donc pas, elles aussi, toutes-puissantes, et dotées d'un phallus, comme Yahvé semble l'être d'un utérus ? C'est à cette image de femme possédant un pénis que les homosexuels n'auraient, suppose Freud, pu renoncer.

La seconde théorie infantile découle, logiquement pourrait-on dire, de la première : si certains êtres humains sont privés de pénis, c'est qu'on les a castrés ! L'enfant n'a pas besoin d'une menace réelle pour se bâtir cette théorie ; bien que souvent il trouve dans les mots prononcés par les parents, même les plus bénins, de quoi tirer une interprétation dans ce sens. La menace de castration va jouer un rôle important dans l'évolution du petit garçon, comme on le verra.

Comment les bébés viennent au monde ? Autrement dit, traduit dans le langage concret qu'aiment les enfants, par quel trou sort-il du ventre de la mère ? Ils n'en connaissent qu'un, dit Freud. Car ils ignorent l'existence du vagin (même si la fille en a une conscience sourde). À l'âge où ils sont encore proches de la logique anale décrite plus haut, où les selles ne sont pas encore jugées dégoûtantes, il n'y a rien que de banal de voir les bébés sortir par l'anus. Telle est la théorie la plus courante. D'autres enfants préfèrent imaginer une éventration réalisée soit par *« le docteur »*, soit par le bébé lui-même : ils retrouvent à leur façon le mythe du Petit Chaperon rouge. Cette théorie présente, remarque Freud, l'avantage de permettre aux garçons d'accoucher sans être pour autant féminins !

De là à penser que les enfants *« s'attrapent par la bouche »*, il n'y a qu'un pas, que les filles d'aujourd'hui franchissent toujours facilement : on ferait des bébés en s'embrassant sur la bouche. Que les pères y pensent quand ils embrassent leur petite fille !

Une autre théorie infantile très importante tient à ce que les enfants imaginent des rapports sexuels entre les parents, et que des observations de coïts faites le jour, ou des plaintes, des bruits, des rythmes entendus dans la nuit, peuvent nourrir. Les enfants, dit Freud, ont une conception sadique du coït :

> *Ils y voient quelque chose que la partie la plus forte fait subir avec violence à la plus faible, et la comparent à une lutte*[1].

C'est dire que leur première approche de la relation sexuelle se fait dans le vocabulaire du stade sadique-anal. On sait que certains hommes, comme certaines femmes, en restent à cette vision de la sexualité, et l'on peut trouver là une origine à certains fantasmes de viol. Indépendamment de notre comportement dans la réalité, nous conservons en nous ce noyau fantasmatique où la sexualité se conjugue avec la violence – et où, par retour, la violence se voit dotée d'une valeur sexuelle.

Des taches de sang repérées dans le lit des parents peuvent confirmer cette croyance : encore une fois,

1. « Les théories sexuelles infantiles », *in La Vie sexuelle, op. cit.*

« papa a frappé maman ». Pour Freud, l'horreur du sang, et par extension des actes médicaux, trouve là son origine.

Ces théories fantastiques (qui sont le monde infantile dans lequel se déroulent la plupart de nos films de science-fiction !) se développent d'autant plus que les parents font silence sur la chose sexuelle. L'imaginaire remplit le vide de sens laissé par les parents. Il est donc nécessaire de parler aux enfants, quand ils en manifestent la demande, de façon plus ou moins explicite. Et de ne pas en rester aux généralités, mais de parler de l'existence du vagin et du rôle de l'utérus, comme du rôle des testicules dans la conception.

C'est avec ces théories que les enfants abordent la question de l'inceste.

Œdipe et le mythe

La question de l'homme, c'est aussi celle posée à Œdipe par le Sphinx (ou la Sphynge) dans sa célèbre énigme : qu'est-ce qui marche sur quatre pieds le matin, deux à midi, et trois le soir ? On sait que la récompense d'Œdipe, pour avoir été fin devin, fut d'accéder au lit de sa mère Jocaste, et de concevoir avec elle quatre enfants, non sans avoir tué son père au préalable.

On connaît le mythe : l'oracle d'Apollon avait prédit à Laïos, roi de Thèbes, qu'il serait tué par son fils en punition d'un viol homosexuel qu'il avait commis. Pour déjouer cette prédiction, Laïos confia son fils nouveau-né à un serviteur pour qu'il l'abandonne sur le mont Cithéron après lui avoir cloué les pieds. Au lieu de le vouer à la mort, le serviteur le donne à un berger, qui remet l'enfant à Polybe et Mérope, roi et reine de Corinthe. Ceux-ci l'adoptent et lui donnent le nom d'Œdipe (« pieds enflés » en grec).

Plus tard, des rumeurs courant sur son origine, Œdipe se rend à l'oracle de Delphes pour en avoir le cœur net : « *Va-t'en, misérable*, s'écrie la Pythie. *Tu vas tuer ton père et épouser ta mère !* » Afin de déjouer la prédiction, Œdipe décide de ne pas rentrer à Corinthe. À un carrefour, il croise un char dont le conducteur force le passage en lui roulant sur les pieds. Œdipe tue Laïos sans le connaître. Cheminant vers Thèbes, il rencontre la Sphynge qui assiège la ville : elle pose une énigme aux jeunes hommes qui, ne pouvant la résoudre, sont possédés et dévorés par elle. Œdipe répond à la question et anéantit la Sphynge. Comme promis par Créon, régent de Thèbes depuis la mort de Laïos, il épouse la reine Jocaste. Avec elle, Œdipe règne sur Thèbes jusqu'à ce qu'une peste s'abatte sur la ville. On recherche la cause de ce fléau. Les oracles révèlent la présence du meurtrier de Laïos dans la ville. Œdipe finit par apprendre qu'il est celui-là. Comprenant que son époux est son fils, Jocaste se pend. Œdipe se crève les yeux et s'exile à Colonne.

Pour Freud, le poète a su exprimer ce qui se trame inconsciemment pour tout garçon (au moins dans notre sphère culturelle), sachant que les filles connaissent des désirs équivalents.

L'œdipe pour le garçon

La découverte de la différence des sexes, et de la manière dont on conçoit les bébés, donne un nouveau sens à l'inclination que le garçon éprouve depuis toujours pour sa mère. Son désir de fusion, de retour dans son corps, il va désormais le vivre sur un mode sexuel. Il désire la pénétrer et lui faire un enfant, qui serait en quelque sorte le double de lui-même. Ce qui donne, en langage enfantin (c'est-à-dire prononcé pour les adultes, dans des mots innocents acceptables par eux), *« se marier avec maman »*.

Ce désir incestueux est angoissant pour deux raisons. Retourner au ventre maternel en pénétrant les voies par où le garçon est venu au monde, c'est se confondre avec la mère et perdre son identité dans une fusion délicieuse mais mortifère. C'est retourner avant l'origine de sa vie, au néant. Voilà pourquoi les femmes séductrices font peur ! Freud insiste surtout sur la deuxième raison : la mère a un époux, elle est au père, et celui-ci barre le chemin au désir du garçon, de deux façons. Parce qu'il prend sa femme, pourrait-on dire, mais aussi parce que la mère adresse son désir à son mari et non à son fils. Si la mère ne signifie pas qu'elle est interdite, si elle laisse au père seul le soin d'exprimer l'interdit de l'inceste en laissant entendre que, s'il ne tenait qu'à elle, elle aurait sans doute quelque faiblesse, elle crée une situation perverse en excitant chez son fils un désir qu'elle sait qu'elle ne satisfera pas, et en montant le fils et le père l'un contre l'autre.

Le complexe de castration du garçon et sa sortie de l'œdipe

Le plus important pour le garçon est le rapport au père. Il aime son père, il admire sa force… et il veut lui prendre sa femme ! Et puisque le père s'interpose, le garçon veut l'éliminer, souvent de la manière la plus simple, mais aussi la plus habituelle dans les luttes de pouvoir depuis que le monde est monde : il souhaite sa mort. La situation est complexe, puisqu'il désire tuer quelqu'un qu'il aime. C'est parce que le père est plus fort que lui (quand il l'est !) que le garçon craint qu'il le castre. Ainsi serait-il puni par là où il veut pécher. Pour développer cette crainte imaginaire et en grande partie inconsciente, il n'est pas besoin d'un père menaçant en réalité, mais d'un père simplement courant – pour autant qu'il tienne sa place et qu'il ne se trouve pas désavoué par la mère.

> *Si la satisfaction amoureuse, sur le terrain du complexe d'Œdipe, doit coûter le pénis, alors on en vient nécessairement au conflit entre l'intérêt narcissique pour cette partie du corps et l'investissement libidinal des objets parentaux. Dans ce conflit, c'est normalement la première des forces qui l'emporte ; le moi de l'enfant se détourne du complexe d'Œdipe*[1].

1. « La disparition du complexe d'Œdipe », *in La Vie sexuelle, op. cit.*

Ainsi, c'est la crainte de la castration qui fait sortir le garçon du complexe d'Œdipe. Mais il ne fait pas que renoncer à sa mère, ce qui ne représenterait qu'une perte sèche ! Il trouve une voie de dégagement du côté de son père : il ne possédera pas la femme de son père, mais, quand il sera grand, il aura une femme comme son père en a une. Il va devenir comme son père, c'est-à-dire qu'il s'identifie à lui. Pour avoir une femme un jour, il va falloir qu'il devienne aussi fort et aussi savant que lui. Il trouve ainsi une raison de plus de grandir, ce qui est son vœu le plus fort.

L'œdipe inversé du garçon et la bisexualité

Et, comme si la situation n'était pas assez complexe, il vient s'ajouter à ce complexe d'Œdipe, le plus souvent décrit, un complexe inversé tout aussi important, que Freud décrit ainsi :

> *Le complexe d'Œdipe offre à l'enfant deux possibilités de satisfaction : l'une active, l'autre passive. Il peut, sur le mode masculin, se mettre à la place du père et, comme lui, avoir commerce avec la mère, auquel cas le père est bientôt ressenti comme un obstacle, ou bien il veut remplacer la mère et se faire aimer par le père, auquel cas la mère devient superflue.*

C'est en effet ce complexe d'Œdipe inversé, celui où le fils souhaite être la femme du père, qui est à l'œuvre, de façon sublimée, dans tous les lieux et toutes les activités où, comme Freud l'indique, la femme est « superflue ». Et la liste est longue : le café, l'entreprise, le stade, le parlement… Dans tous ces lieux, traditionnellement, règne l'amour homosexuel du fils pour le père. Un amour très important puisque fondateur de la vie politique, de la vie économique dans les sociétés phallocratiques – autrement dit, symboliquement homosexuelles. De ce complexe d'Œdipe inversé, le garçon sort également par la crainte de la castration : être la femme de son père équivaudrait à être châtré. Voilà pourquoi il quitte cette position, et ne trouve plus à la vivre que symboliquement.

C'est dire que si, biologiquement, un enfant est mâle ou femelle (avec des proportions diverses selon le dosage hormonal), psychiquement il est bisexuel – chaque enfant connaissant un dosage de ses deux complexes d'Œdipe, positif et négatif, qui le fera mentalement plus ou moins masculin et féminin. Cette dimension d'homosexualité psychique est souvent mal reconnue parce que nous sommes mal à l'aise avec elle, bien qu'en même temps elle soit acceptée, ne serait-ce que dans les plaisanteries usuelles.

Liquider le complexe d'Œdipe, c'est devenir véritablement humain

En s'identifiant à son père, le garçon ne se limite pas à faire sien l'interdit que celui-ci a signifié, et que l'on pourrait résumer ainsi : tu ne coucheras pas avec ta mère et tu ne tueras pas ton père. Fait également important, il trouve la voie pour devenir soumis à la loi, et le représentant de celle-ci. Car il existe une différence fondamentale entre la loi et l'interdit : je peux imposer un interdit parce que c'est mon bon plaisir. J'impose alors ma volonté : « *Pas touche, c'est à moi, et je fais comme je veux !* » peut dire le père, qui n'est alors qu'un tyran. Il ne devient vraiment père que lorsqu'il accepte d'être lui aussi soumis à la loi ; quand il dit à son fils : tu n'épouseras pas ta mère, car c'est interdit par la loi que je respecte moi-même. Moi non plus, je ne me suis pas marié avec ma mère. Ainsi le père fait-il partager par son fils une loi à laquelle il est lui-même soumis.

Pour le père, cette différence n'est pas toujours clairement établie. S'il est du côté de l'interdit, il ne sera qu'un père abusif, un tyran qui garde la mère pour lui et prive son fils de la jouissance. Le fils ne pourra alors pas dépasser son complexe d'Œdipe, il ne pourra que le refouler, en général sans succès. Car le désir incestueux refoulé fera retour sous des formes déguisées. Rivé inconsciemment à la haine et à la rivalité avec le père, le fils devenu adulte vivra toute réussite comme le meurtre du père qu'il désire toujours inconsciemment, et se verra obligé d'en payer le prix, en termes de culpabilité et d'échec. Il fera de toute femme l'équivalent de sa mère, ce qui le conduira, s'il n'est pas trop pervers, à se l'interdire de lui-même : il se trouvera incapable de vivre un vrai rapport d'amour et de désir, ce qui pourra se manifester par une série de symptômes visant à s'empêcher de jouir (impuissance, éjaculation précoce...). Il « respectera » son épouse, en fera une vierge éternelle. S'il éprouve des jouissances avec une femme, ce sera sur le mode de la transgression et de la perversion : l'amour sera forcément « sale ». Il pourra allier ces deux modes de l'auto-interdiction et de la transgression de l'inceste, selon le clivage bien connu de la vierge et de la putain : il idéalisera sa femme, et il jouira avec une autre femme qui sera assimilée à une prostituée, et qu'il méprisera comme il méprise son propre désir, puisqu'il est symboliquement incestueux.

Liquider son complexe d'Œdipe n'est pas le refouler, mais faire qu'il disparaisse pour accéder à une autre modalité du désir, qu'on décrira plus loin comme génitale. Pour cela, il faut, nous l'avons dit, que le père pose la loi de l'interdit de l'accès à la mère, à laquelle il est lui-même soumis, et que la mère ait fait sienne cette loi. De cette liquidation de l'œdipe, Freud tire les conclusions suivantes :

> *Le procès que nous avons décrit est plus qu'un refoulement : il équivaut, si les choses s'accomplissent de manière idéale, à une destruction et à une suppression du complexe. Nous sommes portés à admettre que nous sommes tombés, ici, sur la ligne frontière, jamais tout à fait tranchée, entre le normal et le pathologique. Si vraiment le moi n'est pas parvenu à beaucoup plus qu'un refoulement du complexe, alors ce dernier subsiste, inconscient, dans le ça, et manifestera plus tard son effet pathogène*[1].

1. « La disparition du complexe d'Œdipe », *in La Vie sexuelle, op. cit.*

Ainsi, toute souffrance, tout symptôme, est à comprendre pour Freud comme une difficulté œdipienne… et la normalité est posée comme *« idéale »*. La frontière entre le normal et le pathologique n'est jamais tout à fait tranchée, dit-il : c'est dire que le complexe d'Œdipe n'est jamais entièrement liquidé, qu'il en reste des traces dans l'inconscient, sous forme de refoulements – des traces légères qui n'empêchent pas de vivre heureusement, ou des traces lourdes qui entraînent une souffrance psychique, et tous les intermédiaires entre ces deux extrêmes… C'est dire que nous sommes tous plus ou moins névrosés. C'est dire aussi que le temps de l'œdipe chez l'enfant, entre trois et six ans, est une période très sensible, et que s'y joue un destin qu'une fois adulte il sera difficile (mais pas impossible) de changer.

En intégrant la loi paternelle, le garçon intègre en réalité ce qui fait que nous sommes civilisés. Car l'identification au père a deux versants. D'une part, il intègre les lois qui nous permettent de vivre ensemble. C'est en ce sens que Freud dira que le Surmoi est *« l'héritier du complexe d'Œdipe »*. D'autre part, il fait siens les idéaux du père – idéaux qui ne sont, pas plus que les lois, propres à lui mais qu'il transmet. Ces idéaux du père renvoient au groupe familial, à la classe sociale et aux idéaux collectifs de la nation, voire du monde. Ainsi peut-on dire qu'en s'identifiant au père, en intégrant l'ensemble des lois et des idéaux qui forment la culture que celui-ci transmet, l'enfant devient véritablement humain.

Par ailleurs, la liquidation de l'œdipe permet à la libido de se détacher des motifs sexuels pour trouver à se satisfaire dans des buts liés à la civilisation. Par le jeu des sublimations, le désir sexuel devient alors soif de connaissance, désir d'apprendre, de travailler pour réaliser des projets reconnus socialement. Alors qu'un enfant (et plus tard un adulte) empêtré dans ses désirs œdipiens ne dispose pas, pourrait-on dire, d'une même quantité d'énergie libidinale à investir dans des activités autres que sexuelles. Le signe le plus évident dans l'enfance se manifeste dans les difficultés scolaires.

Enfin, la liquidation de l'œdipe conduit l'enfant à aller chercher ailleurs ce qu'il ne peut trouver dans sa famille, ce qui est un puissant moteur d'ouverture sur le monde, de socialisation. Ainsi l'enfant va-t-il s'intéresser à ce qu'il découvre à l'école, puis à ses amis. Il va comprendre que tout ne se passe pas toujours comme à la maison, qu'on peut penser autrement, que le monde entier reste à explorer… À son exact opposé, le culte de l'entre-soi familial, la transparence et la fusion entre parents et enfants sont toujours le signe d'un climat incestueux, c'est-à-dire d'un non-dépassement des désirs œdipiens que les parents partagent alors avec leurs enfants.

L'entrée dans l'œdipe pour la fille

Freud décrit pour la fille un parcours œdipien dont les points clés sont toujours reconnus par les psychanalystes. Avec le temps, le scandale de la condition féminine qu'il décrit n'apparaît que plus criant. Il est le symptôme de la culture patriarcale phallocratique dont nous n'avons pas fini de sortir. La plupart des anthropologues sont d'accord pour dire que l'on retrouve une suprématie du masculin dans toutes les cultures connues aujourd'hui dans le monde. Ils estiment aussi que jamais une culture matriarcale n'a existé. Les rares voix qui donnent un autre avis sont encore ignorées. C'est dire que la description freudienne du féminin a encore un long avenir devant elle…

Dans les premières années, il n'y a pas de différence notable entre fille et garçon. Tous deux ont une relation équivalente à leur mère, et sont également actifs. Ils commenceront à se différencier lorsqu'ils adopteront une position différente dans la théorie sexuelle infantile qu'ils partagent. On l'a dit, la culture phallocratique les amène à penser que tous les humains sont dotés d'un pénis. La fille connaît à cette époque un érotisme et un auto-érotisme actif clitoridien équivalents à celui du garçon.

> *Le clitoris de la fille se comporte d'abord tout à fait comme un pénis, mais l'enfant faisant la comparaison avec un camarade de jeux masculin le perçoit comme « un peu court », et ressent de ce fait un préjudice et une cause d'infériorité*[1].

La féminité commence donc, explique Freud, avec la découverte de la différence des sexes, traduite en théorie de la castration par l'imaginaire infantile. La petite fille se découvre châtrée, ce qui représente pour elle une grave atteinte narcissique.

1. « La disparition du complexe d'Œdipe », *in La Vie sexuelle, op. cit.*

> *L'enfant ne comprend pas que son manque actuel de pénis est un caractère sexuel, mais elle l'explique par l'hypothèse qu'elle a possédé autrefois un membre tout aussi grand, et qu'elle l'a perdu par castration. Elle ne paraît pas étendre cette conclusion à d'autres, à des femmes adultes, mais elle suppose plutôt que celles-ci possèdent un grand organe génital complet, tout à fait dans le sens de la phase phallique, pour tout dire : un organe masculin*[1].

Pour lutter contre cette dévalorisation, la fille se tourne vers sa mère. Celle-ci, imagine-t-elle, ne peut, dans sa puissance, avoir été victime d'une telle mutilation. Peut-être cela a-t-il poussé chez sa mère… comme chez elle quand elle sera grande. La découverte de la « castration » maternelle est d'autant plus terrible que la petite fille ne connaît pas l'existence du vagin. Sur ce point, Freud en restera là, alors que des psychanalystes femmes à venir prendront d'autres positions. Pour Melanie Klein, la petite fille n'ignore pas son vagin. Et Françoise Dolto dira qu'elle se console vite quand elle apprend qu'il lui poussera des seins et qu'elle aura un bébé dans son ventre ; autrement dit, quand elle comprend qu'elle possède une autre puissance de vie que la puissance phallique. Ces points sont toujours en discussion dans la communauté analytique.

1. *Ibid.*

Pour Freud, la fille se détourne de sa mère quand elle la découvre « castrée ». Elle lui reproche de ne pas lui avoir donné ce pénis dont elle a pourtant doté ses frères. Il s'opère alors pour la fille un changement d'objet d'amour que le garçon n'a pas à faire : il a aimé sa mère, il aimera des femmes qui, d'une certaine façon, lui succéderont. La fille, elle, se tourne vers l'autre sexe, elle prend ses distances vis-à-vis de sa mère. Si elle connaît une rivalité avec sa mère, celle-ci ne sera pas souvent de la même intensité que celle du garçon, qui va clairement jusqu'au souhait de mort du père. Souvent, la fille gardera malgré tout un certain attachement à sa mère, qui se traduira à l'âge adulte par une tendance aux relations de tendresse avec les autres femmes qui auront pris, suite à l'œdipe, une couleur homosexuelle.

Se détourner de la mère est une profonde révolution qui marque le caractère féminin, souvent plus apte à opérer des séparations que ne le peuvent les hommes. Cette perte assumée du premier objet d'amour[1] permet de comprendre à la fois et une certaine tendance à la dépression et une certaine force de caractère dans les situations difficiles. Les filles, elles, ont à traverser deux pertes : celle du pénis et celle de la mère.

La fille entre donc dans le complexe d'Œdipe avec la découverte de sa castration imaginaire, alors que le garçon renoncera à ses désirs œdipiens pour ne pas être castré. N'ayant pas de pénis et désirant, dans sa

1. Bien évidemment, il reste vis-à-vis de la mère une dimension de tendresse.

logique infantile, se l'approprier, la fille se tourne vers son père :

> *Nous pourrions indiquer quel destin connaît le désir infantile d'avoir un pénis lorsque les conditions de la névrose sont absentes dans la vie ultérieure. Il se change alors en désir de l'homme, autrement dit il agrée l'homme en tant qu'appendice du pénis*[1].

Ainsi son premier homme serait-il accepté par la future femme dans la mesure où il apporte le pénis. Autrement dit : j'aime papa parce qu'il a un pénis ! *« Agréé »*, dit Freud, c'est-à-dire accepté du bout des lèvres car l'amour premier est pour la mère. Les femmes qui sont restées à ce stade infantile de leur désir, avec un fort attachement à leur mère, ne toléreront l'homme que parce qu'il le faut bien, et s'en détacheront quand elles auront obtenu que le pénis se détache de lui… sous la forme d'un enfant.

Car, dit Freud, « *les concepts d'enfant et de pénis se séparent mal et s'échangent facilement entre eux* ». Cela permet à la fille de passer du désir infantile de pénis à un désir œdipien d'avoir un enfant avec papa – de « *se marier* » avec lui.

> *Le renoncement au pénis n'est pas supporté sans une tentative de compensation. La*

1. « Sur les transpositions des pulsions », *in La Vie sexuelle, op. cit.*

> *fille glisse (on devrait dire : le long d'une équation symbolique) du pénis à l'enfant, son complexe d'Œdipe culmine dans le désir longtemps retenu de recevoir en cadeau du père un enfant, de mettre au monde un enfant pour lui*[1].

Dès lors, la position de rivalité vis-à-vis de la mère s'affirme, et pour longtemps. Fine mouche et douée pour la parole, la fille déploiera ses talents pour montrer à son père que sa mère n'est pas la femme qu'il lui faut. Il arrive à certaines filles de convaincre leur père que leur mère doit avoir un amant !

Pour le garçon les choses sont claires : il convoite sa mère, et son père est son ennemi. Pour la fille, la situation est plus complexe : c'est celui qu'elle désire qui fait obstacle. En effet, le père est à la fois (quand tout se passe bien) celui qui énonce l'interdiction de l'inceste et celui qui est désiré. Il faut donc à la fille séduire son père malgré lui ! Ce qui oblige la fille à développer une habileté psychologique qui n'est pas nécessaire au garçon. Par ailleurs, pour l'avoir, il lui faut détourner la loi du père plutôt que de l'intégrer, comme le garçon. Voilà pourquoi, selon Freud, les femmes ne sont pas toutes dans la loi. Elles acceptent les règles et les interdits puisqu'il le faut bien, sans pour autant les intérioriser intégralement.

La fille n'est pas seulement amenée à changer d'objet d'amour en se tournant vers son père, elle est

1. *Ibid.*

également conduite à changer d'organe sexuel en abandonnant le clitoris pour le vagin. Elle abandonne la position active masculine, elle attire son père vers elle, c'est-à-dire qu'elle développe une attitude passive féminine (une activité centripète et non plus centrifuge). Le plaisir clitoridien, quand il n'est pas refoulé, deviendra un plaisir préliminaire. On comprend que ces métamorphoses ne soient pas toujours totalement accomplies. D'autant plus qu'il lui faut attendre longtemps avant que, avec son premier rapport sexuel (quand il est réussi), l'existence de son vagin lui soit enfin entièrement révélée.

L'œdipe inversé chez la fille

La situation difficile faite à la fille dans notre culture phallocratique rend plus important pour elle son œdipe inversé, selon lequel elle souhaite devenir l'homme de sa mère et éliminer son père. Si ses souhaits œdipiens ne subsistent pas tels quels à l'âge adulte (sinon au registre inconscient), ils sont à la source de ce que Freud appelle le « *complexe de masculinité* » de la femme.

Une raison plus individuelle vient renforcer l'attachement de la fille à l'œdipe négatif, c'est qu'elle commence par là :

> *La femme n'atteint la situation de l'œdipe normale et positive que lorsqu'elle a surmonté une période antérieure dominée par le complexe négatif. En vérité, pendant cette*

phase, le père n'est pas grand-chose d'autre pour la petite fille qu'un rival gênant[1].

On sous-estime, continue Freud, cet attachement à la mère – tellement puissant que certaines femmes conservent ce lien premier, et ne parviennent à aimer les hommes que superficiellement. Ce qui les en détache est une angoisse que partage également le garçon : dans le face-à-face sexuel avec la mère, l'une comme l'autre connaissent l'horreur d'être confrontés à un corps qui évoque leur mort – plus exactement, à ce lieu par où ils sont passés du néant d'avant leur vie à la naissance. Cette angoisse se retrouve souvent dans les fantasmes et les rêves des filles, où elles craignent d'être assassinées ou dévorées par leur mère.

Ainsi, comme le Tirésias de la mythologie grecque, les filles connaissent deux vies sexuelles : une masculine centrée sur le clitoris, avec la mère comme objet sexuel, une féminine centrée sur le vagin, avec le père comme objet sexuel. Pour elles, parvenir à une position hétérosexuelle est le résultat d'une révolution complexe. On comprend donc que la bisexualité psychique soit plus accentuée chez la femme que chez l'homme.

Conserver une position imaginaire masculine comporte en outre plusieurs avantages pour la fille. Tout d'abord, elle n'a pas besoin de changer d'objet d'amour : sa mère reste au centre de ses préoccupations. Elle n'a pas non plus besoin de changer d'organe sexuel : le clitoris peut rester la zone érogène privilégiée. Et sur-

1. « Sur la sexualité féminine », *in La Vie sexuelle, op. cit.*

tout, c'est une manière de refuser la théorie infantile selon laquelle elle serait castrée – c'est-à-dire d'ignorer ou de dénier l'envie du pénis. Et, du même coup, une façon d'ignorer le vagin, et de dévaloriser la maternité.

L'œdipe inversé mal liquidé se retrouve dans les caractères présentant des traits de masculinité : goût de la compétition et de la domination, choix des activités masculines… Mais on ne voit pas comment une femme pourrait y échapper, dès lors que les activités valorisées sont l'apanage des hommes !

La séduction et le phallus

Les comportements de séduction de la femme ont quelque chose à voir avec le phallus imaginaire. On peut en effet penser que, dans la séduction, la femme répond à un désir inconscient de l'homme. Dans le jeu du montré-caché, en se dévoilant mais pas totalement, elle offre à l'homme l'espérance de retrouver, derrière ce qui reste caché, la toute-puissance qu'il fut un jour déçu de ne plus trouver chez sa mère. Un instant, il peut idéaliser sa séductrice, en faire l'exemple même de la toute-puissance narcissique féminine dont il pourrait bénéficier par son entremise, sur le mode parasite qui fut le sien vis-à-vis de sa mère quand il en était le bébé : il en fait une femme « phallique » et non plus « castrée ». La femme y trouve un avantage : si elle n'a pas le phallus, elle l'est tout entière aux yeux de celui qu'elle séduit. Elle remplace ainsi un avoir par un être.

La sortie de l'œdipe chez la fille

La fille ne sort de l'Œdipe que très progressivement, selon Freud. Nombreuses, suppose-t-il, sont celles qui en restent plus ou moins à ce stade. On l'a vu, c'est qu'elle ne connaît pas d'urgence à sortir de cette situation – au contraire du garçon, que la menace de castration pousse à changer d'objet d'amour. On a vu qu'elle reste parfois fortement attachée à sa mère ; on verra qu'elle reste fixée à son père au moins jusqu'à l'adolescence.

7

La période de latence et la socialisation

L'AMNÉSIE INFANTILE. – LE TEMPS DU DEUIL AMOUREUX. – LES DEUX TEMPS DE LA PHASE DE LATENCE. – LE TEMPS DE LA SUBLIMATION. – RÔLE DES PARENTS DANS LA SUBLIMATION.

Le développement humain comporte une spécificité. Chez les animaux, le développement sexuel est continu, alors qu'il connaît chez nous une interruption. Après avoir connu les orages sentimentaux et sensuels que nous venons de décrire, la sexualité s'estompe chez les enfants. Entre six et douze ans, les garçons comme les filles voient leurs intérêts érotiques s'effacer, plus ou moins complètement selon les individus.

Freud y trouvait des causes biologiques. On peut penser qu'il en sous-estimait les causes culturelles et individuelles. Sur le plan culturel, tout est fait pour dénier aux enfants leur sexualité ; ce qu'on tolérait chez le petit enfant doit céder devant la rigueur éducative qui commence à s'exercer vers les six ans.

Il est une cause liée à l'histoire individuelle : l'enfant connaît un désespoir amoureux d'une intensité qu'il ne connaîtra, la plupart du temps, plus jamais. Il ne sort pas indemne du temps de l'œdipe, pas plus qu'un adulte sortant d'une grande passion. Et il développe les mêmes réactions : dans l'obligation de décider de renoncer à celui ou celle qu'il aime, il cherche à faire disparaître les désirs sexuels en même temps que l'objet qui les suscitait, et il se pose les grandes questions que l'on se pose toujours quand l'être aimé s'éloigne. En cherchant à oublier, comme on dit, l'enfant se comporte d'une façon proche de celle de l'adulte. C'est dire que nous avons des clés pour le comprendre.

L'amnésie infantile

Il y a donc plusieurs causes, biologique, culturelle et individuelle, à ce que Freud appelle l'amnésie infantile et qu'il repère invariablement dans ses cures. Ces flamboiements amoureux et sexuels que nous avons décrits aux chapitres précédents sont régulièrement effacés chez l'adulte, qui ne s'en souvient pas spontanément. Il faut un travail analytique profond pour retrouver les traces de ce qu'on peut pourtant facilement observer chez les enfants. Un rideau noir tombe sur les jours d'enfance, tel que peu de souvenirs en réchappent. C'est pourquoi on peut affirmer en toute authenticité, une fois adulte, que les autres, peut-être, ont connu les émois œdipiens, mais pas soi ! C'est dommage : si l'on pouvait facilement se souvenir, bien des difficultés de l'âge adulte disparaîtraient comme par enchantement.

Le temps du deuil amoureux

La phase de latence fait partie du complexe d'Œdipe, dans la mesure où elle est le temps de l'élaboration du deuil de l'amour œdipien. Elle comporte un versant dépressif, propre à toute perte d'un objet amoureux. L'enfant explique son échec amoureux par ses incapacités : trop faible, pas assez intelligent… en un mot, trop petit ! Si cette dévalorisation n'est pas excessive, elle devient un moteur : l'enfant va avoir l'envie tenace de grandir, avec des motifs différents selon son sexe. Le garçon va chercher à grandir pour devenir comme son père. Il va s'identifier à lui, apprendre ce qu'il sait, intégrer ses idéaux et ses valeurs pour avoir un jour une femme, comme l'a fait son père. La fille va chercher à grandir pour pallier ses manques. Elle sait bien qu'elle ne peut épouser son père, mais quand même… Si elle devient savante, habile, belle, peut-être changera-t-il un jour d'avis ? Pour elle, sa mère est à la fois le modèle de ce qui est aimable aux yeux de son père (en ce sens elle est un modèle d'identification), mais elle est en même temps la rivale.

Ainsi le renoncement plus ou moins progressif au parent aimé devient-il un puissant moteur pour apprendre et se développer. Il permet également de trouver des intérêts hors du cercle familial, de découvrir que tout ne s'y trouve pas, de constater que l'on peut penser autrement… En ce sens, sortir de la famille, c'est se socialiser. D'où l'importance de ce que Freud nomme la barrière de l'inceste :

> *Le respect de cette barrière est avant tout une exigence culturelle de la société, qui doit se défendre contre l'absorption, par la famille, d'intérêts dont elle a besoin pour établir des unités sociales plus élevées, et qui, de ce fait, tente par tous les moyens de relâcher chez chaque individu le lien qui l'unit à sa famille et qui, pendant l'enfance, est le seul qui soit déterminant*[1].

À ce moment, les parents peuvent éprouver le sentiment que l'enfant leur échappe. Car, en se socialisant, il va devenir autre chose, il va y avoir quelque chose d'étranger en lui, ce qu'ils estiment nécessaire et qu'en même temps ils ne peuvent s'empêcher de regretter. La traditionnelle rivalité des parents vis-à-vis des enseignants trouve là une de ses sources.

Les deux temps de la phase de latence

Pendant un premier temps, entre six et huit ans environ, l'enfant intègre progressivement les interdits œdipiens. Il les vit d'abord comme de simples obstacles, extérieurs à lui, auxquels il s'oppose encore violemment. En même temps, il commence à vivre ses pre-

1. *Trois Essais sur la théorie sexuelle, op. cit.*

miers sentiments de culpabilité, souvent irrationnelle et exagérée. Le *Surmoi*, héritier, selon Freud, du complexe d'Œdipe, est en train de se constituer. On a dit qu'il se manifeste souvent de façon féroce et violente. C'est qu'il n'est pas seulement l'intériorisation de principes rationnels : il agrège également des fantasmes et pulsions inconscientes qui ont conservé leur caractère de sauvagerie. L'enfant n'intègre pas seulement les préceptes donnés par les parents, il communique de plus avec leurs exigences inconscientes, qu'ils ne peuvent par définition maîtriser :

> *Le Surmoi de l'enfant ne se forme pas à l'image des parents, mais bien à l'image du Surmoi de ceux-ci*, précise Freud. *Il s'emplit du même contenu, devient le représentant de la tradition, de tous les jugements de valeur qui subsistent à travers les générations.*

Autrement dit, il y a un décalage entre ce que les parents veulent transmettre et ce qu'ils transmettent en réalité.

Le second temps de la phase de latence, entre huit et onze ans, est plus calme. Le Surmoi est moins rigide, notamment parce que les pulsions sont mieux refoulées, et ont trouvé leurs voies de sublimation. On pourrait dire que c'est l'âge du triomphe du Surmoi. L'enfant devient plus royaliste que le roi, il devient moral et rigoriste, critique vis-à-vis de ses parents quand, à ses yeux, ils manquent de principes.

Le temps de la sublimation

Le temps de la latence n'est pas seulement le temps de l'oubli, mais un moment essentiel où, en six ans, l'enfant va acquérir l'essentiel de son bagage intellectuel et social, et s'affermir dans l'habitude de refréner ses désirs sexuels.

> *Au cours de cette période de latence totale ou seulement partielle, s'édifient les forces psychiques qui se dresseront plus tard comme des obstacles sur la voie de la pulsion sexuelle, et qui, telles des digues, resserreront son cours (le dégoût, la pudeur, les aspirations idéales et esthétiques et morales)*[1].

C'est dire que, dans cette période, l'enfant se civilise en trouvant de nouveaux buts à ses pulsions sexuelles, grâce à la *sublimation*.

Ce terme de sublimation était utilisé en alchimie. Il désigne toujours le passage direct de l'état solide à l'état gazeux, sans passer par le liquide. L'observation d'un glacier sous le soleil nous en donne une image : une partie de la glace s'évapore. Pour les alchimistes, ce procédé permettait une purification du corps matériel ; c'était une voie pour trouver la pierre philosophale.

On retrouve, dans l'acception psychanalytique du terme, ces deux dimensions de transformation et d'élé-

1. « La sexualité infantile », *in Trois Essais sur la théorie sexuelle, op. cit.*

vation. La sublimation consiste, en effet, à déplacer la libido de son objet sexuel sur des objets de haute valeur culturelle. Ainsi, explique Freud, l'excitation sexuelle créée par la pulsion scopique, qui consiste à chercher à voir les organes sexuels, se transforme-t-elle en plaisir de voir les plus beaux objets, tels les objets d'art. Comment cette déviation est-elle possible ? La raison peut en paraître paradoxale : c'est parce que la pulsion est perverse, libre de toute détermination, c'est-à-dire qu'elle peut se satisfaire de n'importe quel objet, le plus vil comme le plus pur, qu'elle peut être sublimée. Ainsi, l'œuvre de civilisation trouve-t-elle sa source dans les mobiles les plus primitifs – parce que l'on peut se libérer de ces derniers. On peut chercher à dévoiler les corps que les interdits de la civilisation cachent sous les vêtements, on reste alors dans le registre sexuel, celui de la pornographie ; on peut également détourner cette recherche visuelle dans le sens de l'esthétique en admirant un film ou une peinture.

> *Comment se bâtissent ces constructions, si importantes pour la civilisation et la normalité ultérieure de la personne ? Sans doute aux dépens des motions sexuelles infantiles elles-mêmes, dont l'afflux n'a pas cessé, par conséquent, même pendant cette période de latence, mais dont l'énergie est – intégralement ou en majeure partie – détournée de l'usage sexuel et employée à d'autres fins*[1].

1. *Trois Essais sur la théorie sexuelle, op. cit.*

Ainsi, la sublimation puise-t-elle l'énergie libidinale la plus primitive pour l'investir dans des buts à haute valeur culturelle. Les pulsions sexuelles sont mises au service de pulsions non sexuelles. Le besoin de savoir, si important, si moteur chez les enfants de six à douze ans, pendant la période de latence, trouve son énergie dans les questions qui ont surgi à propos de la sexualité : comment on fait les bébés ? D'où viennent-ils ? Les réponses apportées par les parents ne sont jamais satisfaisantes, elles restent générales, car ils gardent (heureusement) le secret sur les désirs qui les unissent.

L'envie de savoir éloigne l'enfant du domaine sexuel, sa recherche emprunte les voies de la sublimation. C'est là, rappelons-le, l'une des causes des difficultés à l'école primaire : si l'enfant reste empêtré dans les questions œdipiennes que nous avons décrites, il ne dispose pas d'une libido inemployée qu'il pourrait investir dans l'apprentissage.

Rôle des parents dans la sublimation

Pour qu'il y ait sublimation, il faut que les pulsions sexuelles ne trouvent pas à être satisfaites. Il est nécessaire que des interdits soient posés, et qu'ils soient suffisamment puissants pour transformer le goût des choses sexuelles en dégoût, et les plaisirs sexuels infantiles en déplaisirs. Il ne s'agit pas ici de justifier la répression de parents trop rigides, mais d'insister sur le fait que les parents doivent être en mesure de soutenir des interdits sexuels tout en indiquant des voies de dégagement, c'est-à-dire en montrant des voies de satisfaction substitutives où la pulsion trouvera à se satisfaire de façon civilisée. L'agressivité s'investit dans le goût pour la performance sportive ou le plaisir d'être le premier de la classe, le plaisir sensuel trouve à s'exprimer dans le dessin ou la musique.

Ces métamorphoses de la libido seront possibles si les parents ont appris à leurs enfants à passer d'un circuit court à un circuit long : de l'impulsion du geste à la secondarité de la parole. Ce n'est pas en regardant la télévision que les enfants apprennent à parler et à vivre dans le langage, car on ne dialogue pas avec un écran. Il faut ce moment d'invention permanente qu'il y a dans toute conversation, où il s'agit de faire comprendre à l'autre et pour cela arriver à formuler ce qu'on veut dire, où il faut également s'adapter à l'autre, à ce qu'il dit, pour être en mesure de lui répondre et de continuer ce chemin de langage que l'on trace ensemble. Sans capacité verbale, il est difficile de sublimer ses pulsions dans ce que l'on appelle la vie mentale. Les enfants ont besoin du langage non seulement pour apprendre à l'école, mais également pour développer une vie imaginaire qui leur permet à la fois de satisfaire de façon déguisée les pulsions interdites, mais également de développer leur inventivité, leur créativité. Ainsi, très naturellement pourrait-on dire, les enfants qui baignent dans une famille cultivée se trouvent acquérir sans effort la compétence verbale qui est à la source de tous les développements.

8

L'adolescence ou rejouer l'Œdipe pour le dépasser

L'OBJET DE LA FLAMME. – LE PRIMAT DU GÉNITAL. – LA CRISE. – LES ÉTAPES DANS L'AFFIRMATION DE SOI. – LES ÉTAPES DANS LA SEXUALITÉ. – LES FANTASMES DE LA PUBERTÉ. – L'AFFRANCHISSEMENT DE L'AUTORITÉ PARENTALE. – L'ACCÈS À LA GÉNITALITÉ. – LES ÉCHECS DE LA PULSION SEXUELLE. – LA FIN DE L'ADOLESCENCE.

En 1905, dans ses *Trois Essais sur la théorie sexuelle*, Freud ne parle pas d'adolescence, mais de puberté. C'est que l'adolescence venait à peine d'être inventée. Ce n'est qu'à la fin du XIXe siècle que s'est constituée cette classe d'âge, faite d'adultes qui ne le sont pas encore. Antérieurement, l'idée même d'une période de passage entre l'enfance et l'âge adulte n'existait pas. C'est donc l'évolution sociale, notamment la prédominance de l'industrie et le développement des connaissances, qui a fait apparaître l'adolescence – en même temps, notons-le, que deux autres types humains : le prolétaire et le colonisé. Ces trois figures, créées par la bourgeoisie montante à l'époque du paternalisme et de la colonisation, partagent quelques traits imaginaires : ils sont primitifs et dangereux, ils se livrent, si on ne les contrôle pas étroitement, à la violence et à une sexualité débridée… La médecine de l'époque décrit ces êtres instables et émotifs que sont les adolescents, grands masturbateurs et incapables de se conduire par eux-mêmes.

On sait qu'on est, dans les classes aisées aujourd'hui, adolescent jusqu'à sa vingt-cinquième année. Dépendants économiquement puisque empêchés de travailler, vivant un état d'irresponsabilité pas toujours doré, les adolescents consacrent leur temps à un apprentissage qui est devenu de plus en plus long et exigeant.

L'objet de la flamme

Freud propose une définition biologique du passage à l'état adulte. Le déclencheur de ce qu'il appelle la puberté reste pour lui le métabolisme sexuel, dont les effets les plus évidents sont l'apparition des caractères sexuels physiques féminin et masculin. La pulsion sexuelle s'appuie sur ce nouvel état corporel pour s'orienter vers un objet sexuel extérieur, et un nouveau but de satisfaction centré sur la zone génitale.

> *La pulsion sexuelle était jusqu'ici essentiellement auto-érotique, elle trouve à présent l'objet sexuel. Son activité provenait jusqu'ici*

de pulsions isolées et de zones érogènes qui, indépendamment les unes des autres, recherchaient comme but sexuel unique un certain plaisir[1].

C'est dire que l'enfant est resté jusqu'ici un *« pervers polymorphe »*, selon le mot de Freud. L'échec amoureux de l'œdipe l'a replongé dans sa logique enfantine. Il est resté dans une logique narcissique, c'est-à-dire que ce qui le préoccupe avant tout, c'est lui-même, et c'est en lui-même qu'il trouve l'essentiel de ses plaisirs. On ne s'en rend pas toujours compte, car nous sommes habitués à projeter sur nos enfants nos façons de vivre et de sentir. Et il nous arrive aussi, parfois, de fonctionner encore sur ce mode auto-érotique – l'idéologie individualiste actuelle nous y invite !

L'adolescent va progressivement investir un autre objet que lui, non sans balbutiements. C'est-à-dire qu'il va finir, à l'état adulte, par élire un objet amoureux plus ou moins permanent qu'il va idéaliser. Le choix est heureux quand il trouve chez l'autre ce qu'il aurait aimé être – c'est-à-dire quand il trouve chez l'autre un appui narcissique tel qu'il réalise à travers l'autre ce qui est resté chez lui à l'état potentiel. En ce sens, on peut dire que l'homme trouve chez une femme *son* féminin, et la femme trouve chez un homme *son* masculin. En ce sens, la génitalité est la résolution « par le haut » de la castration primaire[2]. Nous avons vu qu'en découvrant la différence des

1. *Trois Essais, op. cit.*
2. Voir p. 168-170.

sexes l'enfant a réalisé qu'il n'était pas tout-puissant ; avec le choix de l'objet d'amour génital, l'adulte parvient à exercer une puissance féconde, pour autant qu'il accepte de passer par l'autre.

Dans l'amour, dit Freud, nous projetons notre *idéal du moi* sur l'autre, c'est-à-dire ce que nous ne sommes pas et que nous voudrions être. En ce sens, l'autre devient plus que nous-même, et meilleur que nous-même… Ce qui nous ravit est ainsi aussi ce qui nous prive du meilleur de nous-même ! En comparaison de l'être aimé, nous ne sommes rien ! Tel est le piège de l'idéalisation. Cet autre qui est tellement idéal va finir par nous persécuter : selon nous, il doit nous mépriser, c'est-à-dire nous accorder peu de prix ; que fait-il donc avec une pauvre chose comme nous ?… En projetant le meilleur de nous dans l'autre, nous nous appauvrissons… ce que nous finissons toujours par lui reprocher. Nous haïssons l'objet aimé, justement parce que nous l'aimons ! Ainsi, faire durer un couple est-il un art, une question de subtil dosage permettant à la haine pour l'aimé (e) de trouver ses dérivatifs afin que l'amour gagne…

Il arrive que dans le choix amoureux nous n'élisions pas seulement le meilleur de nous, mais aussi quelqu'un qui a un petit air de famille. Notre aimé (e) ressemble à notre père, ou à notre mère. Bien sûr, il n'en est pas la copie conforme, mais il détient un trait physique, une qualité morale ou intellectuelle qui fait penser à lui : c'est un sportif ou un lettré, une blonde ou une brune, elle a une voix qui nous rappelle… Cette répétition est le signe d'une adhérence œdipienne. Là encore, tout est question de dosage : il est impossible d'avoir résolu à 100 % le complexe œdipien, il en reste toujours quelque chose. Si, en revanche, le choix d'objet est surtout œdipien, si nous aimons tel partenaire parce qu'il nous fait penser à notre père ou à notre mère, on s'engage à vivre un amour malheureux. Parce qu'il n'arrivera jamais à être celui qu'il devrait être (il restera toujours une « sous-mère » ou un « sous-père », une pâle copie de celui ou celle qu'il n'égalera jamais). Parce qu'on lui reprochera également d'être l'objet interdit qu'on ne devrait pas avoir, et avec qui on ne peut vivre que des jouissances transgressives, « malsaines » et culpabilisantes.

Un autre signe du choix d'objet d'amour harmonieux réside dans la convergence des courants tendre et sensuel, c'est-à-dire dans la possibilité de nouer ensemble l'érotisme et le sentiment. En d'autres termes, dans la possibilité d'allier ce qui subsiste de la sexualité infantile avec la mère, et qui s'est transformé en tendresse, et la sexualité génitale adulte. On a décrit le clivage classique entre la mère et la putain, où le mari chérit tendrement son épouse, qu'il respecte tellement qu'il va vivre ailleurs une sexualité transgressive et dépourvue de sentiment. On pourrait aujourd'hui y ajouter le schéma de l'épouse qui aime tendrement son mari, mais va vivre sa sexualité ailleurs. Dans cette situation, l'épouse ou l'époux tient en effet le rôle du parent interdit que l'on aime, et l'amant ou l'amante celui du parent incestueux : deux faces du conflit œdipien.

Le primat du génital

Les plaisirs de l'enfant étaient multiples et non coordonnés. Le métabolisme sexuel contribue à centrer l'érotisme sur la zone génitale :

> *Son activité provenait jusqu'ici de pulsions isolées et de zones érogènes qui, indépendamment les unes des autres, recherchaient comme unique but sexuel un certain plaisir. Maintenant, un nouveau but sexuel est donné : les zones érogènes se subordonnent au primat de la zone génitale.*

C'est dire que ce que l'on appelle dans le jargon analytique les *pulsions partielles* vont se réorganiser autour du génital. Certains plaisirs vont devenir *préliminaires*, leur rôle va désormais consister à préparer la réalisation du *plaisir terminal* – à savoir l'orgasme génital qui provoque un soulagement et permet à la tension de la libido de s'éteindre temporairement. Les érotismes anciens se trouvent ainsi soumis à la logique génitale : le baiser et la fellation conservent quelque chose de l'érotisme oral, les caresses de la peau renvoient au corps à corps du bébé avec sa mère, la pulsion scopique trouve à se satisfaire avec la vue de la nudité. Pour la fille, le plaisir (ou l'orgasme) clitoridien conduira à l'orgasme vaginal et utérin. Pour Freud, tous ces plaisirs sortent du registre pervers dès lors qu'ils sont soumis au but final qu'est l'orgasme génital. Pendant quelque temps, l'adolescent en restera là, c'est-à-dire que les actes préparatoires, comme par exemple le flirt ou le plaisir de voir, seront son but final – ce que notre culture actuelle, ne serait-ce qu'à travers ses exhibitions cinématographiques et publicitaires, favorise. Voilà une définition, plus technique que morale, que Freud donne du pervers : c'est quelqu'un qui trouve sa satisfaction finale dans un plaisir préliminaire.

La crise

On le sait, l'adolescence est une situation de crise : l'ancien est revisité, transformé, pour donner du nouveau. Et le nouveau, c'est un individu qui va parler à la première personne, sur un mode différent de celui de l'enfant : il dira pleinement *« je »*, il sera un sujet de droit (il sera reconnu comme tel) et de devoir (il va reprendre à son compte les lois de la société où il vit). En ce sens, l'adolescence constitue une seconde naissance, une naissance du sujet à l'espace social adulte.

L'adolescent va faire le deuil de l'image infantile de ses parents. Les géants de la petite enfance, le roi et la reine du temps œdipien, vont faire place à un homme et une femme réels, avec leurs manques comme leurs qualités. Cela ne se fera pas sans un temps de dépression pour l'adolescent, et la marque d'une désillusion définitive qui sera plus ou moins bien acceptée. Les parents représentaient un idéal réalisé sur Terre ; l'adolescent comprend progressivement que c'était une méprise. Il tentera un temps de trouver un substitut en investissant des personnages qu'il adulera, en s'ouvrant à la pensée et à l'action, en bâtissant des théories et en s'investissant, par exemple, dans l'action politique. Toutes tentatives marquées d'un grand idéalisme, dont la dimension irréaliste, infantile, n'échappera pas aux parents. Bien sûr, s'ils comprennent le travail intérieur qu'est en train de réaliser leur enfant, ils ne prendront pas plaisir à démonter sa recherche en lui montrant combien, à leurs yeux (alors sadiques), tout cela est dérisoire ! Ce désir d'un absolu dans la relation à un autre, le jeune adulte va le rechercher dans la relation amoureuse. Dans l'idéalisation de l'aimé s'exprime la nostalgie d'une personne douée de toutes les qualités, semblable aux parents de la petite enfance, sur laquelle s'appuyer. Quand cette nostalgie est trop insistante, elle risque de contribuer à la composition d'un couple régressif, où chacun cherchera à être l'enfant de l'autre.

Cette prise de distance par rapport aux modèles parentaux est une passe difficile pour l'adolescent, qu'il ne va pas pouvoir franchir sans violence, déclarée ou non. Plus les images parentales sont fortes, plus il va devoir s'y opposer.

Les parents vont donc perdre leur dimension imaginaire, et en même temps, l'appui narcissique qu'y trouvait l'enfant… ainsi qu'eux-mêmes ! S'ils étaient trop heureux d'être le grand personnage de leur enfant, s'ils y trouvaient une réassurance vis-à-vis de leur existence, ils vont devoir, eux aussi, en faire le deuil – ou empêcher leur enfant de grandir afin de conserver cette place ! Ils vont aussi devoir renoncer à se prolonger intégralement dans leur enfant. Tout ce qu'ils n'ont pas réussi à faire ou à être, ils attendent trop souvent que leur enfant le réalise pour eux – c'est-à-dire qu'ils demandent à leur enfant d'être le prolongement d'eux-mêmes, plutôt que lui-même. Désormais, ils proposeront, mais leur enfant disposera… Et lorsqu'il reprendra ce qu'ils lui transmettent, il le fera toujours à sa façon, et non à la leur…

L'adolescent va devoir revisiter son passé, disions-nous. C'est-à-dire que tout ce qui a été refoulé pendant la période de latence va faire retour… dans l'état où ce fut refoulé ! C'est-à-dire que ce qui a été bien vécu et résolu reviendra tel quel… mais ce qui a été l'objet de souffrances non dépassées également, et ce, depuis le début de la vie. C'est, en quelque sorte, le moment où les parents vont payer la note de leur éducation ! Quand l'enfant a mal résolu les conflits qu'il a rencontrés dans sa petite enfance, il arrive que l'addition soit salée…

L'adolescent connaît alors le retour massif de ses pulsions infantiles. Il éprouve des difficultés à s'en défendre, ce qui le rend anxieux, déprimé, inhibé, violent. Ces pulsions seront plus incontrôlables s'il n'a pas eu, pendant le temps de latence, l'occasion d'élaborer des digues morales solides, et s'il n'a pas trouvé à ce moment des voies de sublimation qui lui permettent de satisfaire ses désirs au travers d'actions socialement valorisées.

Les pulsions du stade oral se manifestent dans la boulimie, l'anorexie, et l'avidité sur tous les plans. Les pulsions du stade anal s'expriment dans l'agressivité et l'opposition à ce qui renvoie de près ou de loin à l'ordre et au pouvoir. Comme l'enfant de trois ans, l'adolescent éprouve le besoin de dire *« non »*. Les pulsions sexuelles infantiles, celles qu'il a connues aux stades phallique et œdipien, resurgissent. Pour séduire et gagner l'estime de l'autre, il éprouve le besoin de se faire remarquer : il va développer des trésors d'originalité dans sa présentation physique, mais également dans sa façon de penser. En même temps, ses désirs œdipiens sont réactivés. Il éprouve vis-à-vis de ses parents des sentiments troubles et inavouables dont il a honte – une honte qu'il va projeter sur des parents dotés de tous les défauts de la terre, ce qui lui permet en même temps de prendre ses distances.

Freud indique avec netteté l'importance des conflits œdipiens qui resurgissent à cette période :

> *Le complexe d'Œdipe est le complexe nucléaire des névroses et constitue l'élément essentiel de leur contenu. En lui culmine la sexualité infantile, laquelle influence de façon décisive la sexualité de l'adulte par ses effets ultérieurs. Chaque nouvel arrivant dans le monde humain est mis en devoir de venir à bout du complexe d'Œdipe ; celui qui n'y parvient pas est voué à la névrose*[1].

Les parents assistent à cette évolution avec un sentiment d'impuissance difficile à supporter. Ils ne sont pas les mieux placés pour aider leur enfant, car c'est leur présence même qui crée le conflit !

1. « Les métamorphoses de la puberté », *in Trois Essais sur la théorie sexuelle, op. cit.*

Les étapes dans l'affirmation de soi

On peut distinguer trois temps dans l'accession à une position de sujet autonome. L'adolescent commence souvent par s'opposer systématiquement, il s'affirme ensuite de façon excessive, avant d'acquérir une attitude véritablement indépendante.

Le temps de l'opposition survient vers la douzième année chez les filles, un peu plus tard chez les garçons. Elle commence avec l'apparition de la désillusion dont nous avons parlé. C'est un temps de catastrophe, où l'adolescent voit s'écrouler toutes les certitudes de l'enfance. Il est alors partagé entre la nostalgie d'une régression (plus vive chez les filles) au temps du paradis enfantin, et cherche à restaurer une image de parents tout-puissants et protecteurs – ce qu'il ressent en même temps comme un danger qui l'empêcherait de grandir. Il va donc reprocher à ses parents ce qu'il aimerait retrouver chez eux tout en le redoutant : ils sont trop exigeants et iniques, pense-t-il. Il ne lui reste plus comme position possible que celle de l'opposition radicale et systématique. Toute loi, toute règle, est à transgresser, en actes ou du moins en pensée. C'est le temps du *« Je ne veux pas ! »*.

Une fois que l'adolescent a fait de son passé table rase, ce qui ne va pas sans moments de dépression et de découragement, il doit reconstruire. C'est *le temps de l'affirmation* d'un nouveau moi qui n'a pas encore établi des ponts avec la réalité (vers quatorze ans chez la fille, seize ans chez le garçon). L'adolescent devient mégalomane et idéaliste. Il discute, il se bâtit sa propre philosophie, où se mêlent des élans de générosité et un égoïsme encore infantile, il pense à des systèmes meilleurs et nouveaux pour la société, il a raison en tout. Il représente la nouvelle génération triomphant des anciennes. C'est le temps du *« Je veux ! »*.

Perte de l'illusion enfantine, tentative d'en recréer une équivalente : on pourrait définir ainsi les deux premiers temps de l'adolescence. Progressivement, à partir de dix-sept ans environ chez les filles et dix-neuf ans chez les garçons[1], l'adolescent va s'identifier aux adultes – en général à partir du moment où il fait le choix d'un partenaire amoureux dans la durée. Ce qui l'amène à s'inscrire, ou à se projeter par anticipation, dans des rapports de travail qui le font participer à la vie sociale et lui permettent d'y trouver une place (si le « marché » le lui permet…).

Les étapes dans la sexualité

L'adolescent ne parvient pas directement au choix d'objet génital décrit par Freud. Il passe généralement par quatre étapes, plus ou moins marquées selon les individus.

La première étape peut être définie comme celle de *l'homosexualité de groupe*. Une homosexualité qui reste le plus souvent fantasmatique, mais que révèle le fait que la bande est composée de personnes du même

1. Ces âges sont seulement indicatifs ! D'une personne à l'autre, les rythmes peuvent grandement varier.

sexe, filles ou garçons. Ils partagent un même idéal, représenté par une idole lointaine à laquelle ils cherchent à s'identifier – en vain, car elle est trop parfaite, comme le furent les parents de l'enfance. À l'âge du refus de la famille, la bande permet d'éviter la solitude, de trouver un lieu de sécurité et de valorisation, et de reculer le moment de la confrontation à l'autre sexe.

Il arrive un moment où la bande ne suffit plus. L'adolescent trouve un *ami qu'il admire*, un confident à qui il va tout raconter. Cette amitié est le premier objet d'amour individuel. Elle peut s'accompagner d'une expérience homosexuelle véritable, qui restera le plus souvent transitoire. Elle peut également concrétiser un choix homosexuel plus durable ou permanent, qui reprendra ce qui s'est joué au temps œdipien, souvent à bas bruit.

Le plus souvent, l'ami ou l'amie finit par être dévalorisé. La fusion parfaite avec lui se révèle être une illusion. Parce qu'on le « trompe » avec un *premier flirt hétérosexuel*, ou parce qu'on est « trompé ». L'alter ego devient un rival, imaginaire le plus souvent, et parfois réel. Dans cette phase de transition entre l'homosexualité et l'hétérosexualité, l'adolescent souffre de mélancolie. Il devient introverti, c'est à son journal intime qu'il confie ses joies, et surtout ses peines.

En même temps, sa curiosité vis-à-vis de l'autre sexe s'aiguise. Les bandes deviennent mixtes, les relations amoureuses et sexuelles se font et se défont. C'est le temps de la séduction, des affres de la passion passagère, du questionnement sentimental. Petit à petit, l'hétérosexualité devient monogame, jusqu'à la *formation de couples* plus ou moins stables, dans lesquels le sentiment et le désir sexuel trouvent à s'allier.

Les fantasmes de la puberté

> *Parmi les fantasmes sexuels de la puberté, quelques-uns sortent du lot, qui se distinguent par le fait qu'ils sont universellement répandus*[1].

Ces fantasmes décrits par Freud sont d'autant plus importants à cette phase de la vie que l'adolescent n'a pas toujours d'autre latitude que de vivre sa sexualité dans l'imaginaire. Ils sont par ailleurs universels, dit-il ; c'est-à-dire qu'on les retrouve immanquablement dans toute cure analytique. Ils sont donc communs aux adolescents… et aux parents. Les uns comme les autres en sont, par définition, rarement conscients : car un fantasme est un scénario imaginaire inconscient, quelque chose comme un acte d'une pièce de théâtre subliminal, dans lequel le sujet est toujours représenté, et qui satisfait un désir également inconscient.

Le premier fantasme est celui de la vision des parents dans un rapport sexuel. L'adolescent y trouve la satisfaction incestueuse de participer à leurs ébats, et en même temps le dégoût de satisfaire ce qui lui est interdit. Ce fantasme peut être du côté de la *scène primitive* que le petit enfant reconstruit à partir des bruits

1. « Les métamorphoses de la puberté », *in Trois Essais sur la théorie sexuelle, op. cit.*

entendus ou des corps entrevus, dans laquelle le père fait violence à la mère. Cette interprétation sadique de la sexualité reste dans la logique de la mentalité du stade anal, ce qui explique que, dans ce type de fantasme, le vagin ne se distingue pas de l'anus : le coït représenté est souvent *a tergo*, à la mode missionnaire. Ce fantasme peut nourrir, chez la fille comme chez le garçon, la haine adolescente pour le père, mais également des tentations masochistes (plaisir inconscient d'être victime du parent, physiquement ou mentalement). La scène de l'amour parental peut également être vécue du côté de la *scène originaire*, où l'enfant ne se représente pas n'importe quel coït, mais celui où il a été conçu, trouvant ainsi une réponse à la question de son origine. Cette scène, quand elle arrive à devenir consciente et à être parlée, peut être source d'un sentiment de tendresse et de reconnaissance vis-à-vis des parents.

Le second fantasme est celui de la *séduction précoce* que nous avons déjà évoqué. Longtemps, jusqu'en 1897, Freud a cru ses patients sur parole : ceux-ci lui racontaient des scènes où des personnes aimées, le plus souvent les parents, s'étaient livrées sur eux à des avances ou des actes sexuels. Mais la régularité de ces témoignages le fit douter de la réalité de ces scènes, et comprendre que ce que l'on retrouve chez chacun est le plus souvent un fantasme. On a déjà dit qu'il avait comme fondement réel l'inévitable excitation sexuelle que le parent provoque chez le tout-petit quand il lui apporte les soins corporels de la toilette (… et parfois chez le plus grand ! À trois ans, un enfant est capable de se prendre totalement en charge). Sans doute, à ce moment, si le parent est chaste dans ses actes mais pas dans ses fantasmes, quelque chose d'inconscient passe chez l'enfant... Ce fantasme est ravivé chez l'adolescent, ce qui lui rend difficile d'avoir un rapport de proximité avec ses parents. Dans ce domaine, la part de l'imaginaire est difficile à distinguer de la part du réel. C'est l'une des raisons pour lesquelles, dans le procès d'Outreau, les juges ont pris à la lettre les débordements fantasmatiques des enfants qui ont témoigné.

Le troisième fantasme qui se trouve ravivé est celui de la *castration*. L'adolescent imagine inconsciemment que le père, comme toutes les figures d'autorité qui lui sont associées, en veut à son intégrité et cherche à le diminuer par tous les moyens. D'où la révolte contre celui qui lui veut tant de mal ! Il s'agit pour l'adolescent, littéralement, de sauver sa peau – représentée par l'une de ses essentielles parties.

Le quatrième fantasme est en rapport avec les nostalgies régressives de l'adolescent. Elles trouvent à se vivre dans un fantasme de *retour au ventre maternel*, qui s'exprime dans tout ce qui renvoie à l'intérieur, à la douce sécurité du cocon. Si ce fantasme peut avoir une dimension sexuelle pour le garçon, il est plutôt ressenti par la fille comme une menace d'anéantissement.

Enfin, les adolescents construisent souvent un *roman familial*, dans lequel ils se dotent de parents idéaux. Ce fantasme se manifeste par un doute sur les origines : qui prouve, après tout, que les parents sont les parents ? S'il y avait eu une erreur à la maternité ? Si la mère avait eu un amant célèbre dont elle aurait été enceinte ? L'engouement pour Mazarine, la fille secrète de François Mitterrand, peut être compris ainsi : si cela lui est arrivé, pourquoi n'aurais-je pas moi aussi un père illustre ?… Tel est le raisonnement inconscient qu'éveille cette histoire, la presse l'a bien compris ! Ce fantasme permet donc de rabaisser les parents, mais également de les séparer dans la conception, de s'inventer une origine grandiose, ce qui réconforte le narcissisme…

L'affranchissement de l'autorité parentale

L'adolescent doit surmonter ces fantasmes et, en même temps, se libérer de l'autorité parentale, à l'ombre de laquelle il a grandi jusqu'ici. On le sait, cela se fait toujours dans la douleur, pour l'enfant mais également pour les parents. L'enjeu n'est pas seulement individuel : c'est grâce à cet affranchissement, dit Freud, qu'est *« créée l'opposition entre la nouvelle et l'ancienne génération, si importante pour le progrès culturel »*.

« Surmonter l'autorité des parents » et *« retirer la tendresse qu'il leur vouait »*, dit Freud : tel est le travail que doit réaliser l'adolescent. L'enfant devenu adulte nourrira vis-à-vis de ses parents des sentiments d'estime et de reconnaissance – mais pas de tendresse, dit Freud. Car chaque fois que persiste ce qu'il appelle *« un amour filial absolu »*, on peut retrouver la persistance d'un amour incestueux inconscient. En effet, dit-il :

> *L'amour apparemment non sexuel pour les parents et l'amour sexuel s'alimentent aux mêmes sources, ce qui revient à dire que le premier ne correspond qu'à une fixation infantile de la libido*[1].

Cette situation est particulièrement sensible chez les filles, qui restent en général plus liées que les garçons à leurs parents. À ce sujet, Freud tire une sonnette d'alarme qui reste valable un siècle plus tard, même si on exprimerait les choses autrement :

> *Il devient très instructif de constater, une fois que ces filles sont mariées, qu'il leur manque la capacité de donner à leurs maris ce qui leur est dû. Elles deviennent des épouses froides et restent sexuellement anesthésiques*[2].

L'accès à la génitalité

La sortie de l'adolescence correspond à ce que l'on pourrait appeler l'accès à la génitalité. C'est, nous l'avons dit, une sortie par le haut vis-à-vis de la castration. L'homme accepte de n'être qu'un homme : seul, il n'est pas puissance de vie, car il lui faut passer par

1. « Les métamorphoses de la puberté », *in Trois Essais sur la théorie sexuelle, op. cit.*
2. *Ibid.*

une femme pour avoir un enfant. De même, la femme doit passer par un homme. S'ils acceptent ce lien qui est aussi une subordination, ils trouvent à être féconds. Autrement dit, s'ils acceptent leur castration, s'ils acceptent de ne pas être tout-puissants tout seuls, alors ils deviennent pleinement vivants, et humains. Ainsi, être humain consisterait à accepter de passer par l'autre pour être.

Cette position ne se limite pas à la dimension du couple, mais donne un sens et une forme à tous les rapports sociaux. Travailler ensemble consiste bien également à une acceptation de l'autre pour pouvoir produire. Et la démocratie (quand elle existe) consiste à s'associer à d'autres personnes et d'autres groupes sociaux pour constituer ensemble une communauté vivante et féconde.

En ce sens, on l'aura compris, la génitalité est autant un idéal qu'une réalité.

Les échecs de la pulsion sexuelle

Globalement, Freud décrit trois sorties possibles de l'adolescence, ce moment où le sujet se reconstruit et peut donc remanier, plus ou moins, l'héritage de son enfance. Il distingue la voie dite normale, génitale, de la perversion et de la névrose. Bien sûr, il utilise ces termes sans intention morale, mais plutôt dans un sens technique que nous allons préciser. Heureusement, pourrait-on dire, car chacun de nous est un peu pervers, plus ou moins névrosé, autant que normal ! Affirmer que ces distinctions sont inacceptables, ce que soutiennent les personnes soi-disant libérées de toute idéologie et de tout préjugé, n'est qu'une manière de noyer le poisson. Ne pas vouloir faire de distinction entre le génital, le pervers et le névrosé est au fond une manière de refuser toute limite et toute règle... ce qui est le propre de la perversion.

Car la *perversion* est une tentative de se maintenir avant la différence des sexes et avant la loi œdipienne que nous avons décrites[1]. Pour Freud, des événements dans l'histoire du sujet l'ont amené à rester fixé à des plaisirs d'enfance. C'est pourquoi il définit la perversion sexuelle comme *« un arrêt aux actes préparatoires du processus sexuel »*. On pourrait dire que le pervers fait son tout des plaisirs préliminaires. Ce n'est pas dans le génital qu'il trouve sa jouissance, mais dans une pulsion dite *« partielle »*, comme celle de voir, de souffrir et faire souffrir. Il tire son plaisir d'autres zones que la génitale (la bouche, l'anus, la peau...), d'autres objets qu'une personne aimée (souvent un objet : une chaussure, une poupée...). C'est dire que nous sommes tous un peu pervers ! Ne serait-ce que dans les plaisirs de la consommation, qui réveillent une avidité d'origine « biberonesque » (plaisir oral), et dans les plaisirs du voyeurisme, que stimulent les images audiovisuelles et publicitaires.

L'adolescent peut évoluer vers la *névrose* quand, dit Freud,

> *certaines des composantes douées d'une force excessive sont soumises au procès du*

1. Voir chapitres 5 et 6 de la partie II.

refoulement, dont il faut retenir qu'il n'équivaut pas à une suppression. Dans ce cas, les excitations concernées continuent d'être produites comme auparavant, mais sont tenues éloignées de la réalisation de leur but par empêchement psychique, et poussées vers de nombreuses autres voies, jusqu'à ce qu'elles viennent s'exprimer sous forme de symptômes[1].

Il arrive qu'il y ait refoulement et non suppression, dit Freud. Par exemple, il arrive qu'un désir œdipien ne trouve pas à se transformer en désir génital pour un autre objet que le parent (au moins partiellement), mais qu'il subsiste tel quel, à l'état inconscient, derrière la porte du refoulement. N'ayant pas perdu sa force, il passera par la fenêtre et cherchera à trouver une satisfaction sous des formes déguisées, ce qu'on appelle un symptôme… Celui-ci prendra diverses formes : phobies, obsessions, angoisse, malaises corporels, manque de confiance, insomnie…

La fin de l'adolescence

On le sait, la fin de l'adolescence est de plus en plus tardive en Occident, principalement dans les couches sociales aisées. Il n'est pas rare qu'un jeune n'ait pas acquis son autonomie avant vingt-cinq ans. C'est que le manque d'autonomie économique conduit à un

1. *Trois Essais sur la théorie sexuelle, op. cit.*

manque d'autonomie psychique, que l'éducation la plus libérale ne peut résoudre.

Parfois, les parents se satisfont de voir leur enfant rester à la maison. Les prétextes sont nombreux pour justifier cet état de fait, ne serait-ce que ceux du chômage ou de la rigueur des études… Alors, il n'est pas rare que l'enfant vive en couple à la maison, ou y amène son partenaire sexuel. Cette situation a toujours quelque chose à voir avec une « partie carrée » qui satisfait les désirs pervers des parents comme ceux des enfants : les couples partagent une proximité sexuelle qui réveille les désirs œdipiens, ne serait-ce que sur un plan inconscient.

L'adolescent entre dans la maturité quand il trouve à se libérer de l'autorité de ses parents, et quand il noue une relation amoureuse et sexuelle durable. Ce n'est qu'à ce moment qu'il va reprendre à son compte, et dans sa logique propre, les valeurs et les idéaux qu'il a intégrés au cours de la phase de latence.

III

ÊTRE PARENT AVEC FREUD

1

Éduquer, un métier impossible

La trahison nécessaire. – Des méfaits du parent idéal. – De l'impossibilité d'être un bon parent. – His Majesty the Baby. – Un enfant à soi.

Freud a décrit trois métiers impossibles. Le premier est celui d'analyste, car la cure n'a en principe pas de fin, puisqu'on ne vient jamais à bout de l'inconscient. En réalité, bien sûr, elle en a une : le patient cesse sa cure lorsque ses symptômes ne l'empêchent plus *« d'aimer et de travailler »*, dit Freud. Telle est la fin pratique de la cure analytique. Elle n'a rien à voir avec la paix douce et le bonheur définitif que nous promettent les drogues médicales ! On dira plutôt que le patient est en mesure de trouver, aux conflits qu'entraînent inévitablement, et de façon permanente, le fait d'aimer et celui d'œuvrer, des issues qui lui permettent d'avoir plaisir à vivre. De plus, dit Freud, les résultats d'une cure ne sont jamais définitifs. On vit en effet après la cure ! C'est-à-dire que de nouveaux événements, mais aussi l'évolution naturelle de la vie psychique, peuvent conduire à de nouveaux troubles. La psychanalyse n'est pas, comme on peut le lire par exemple dans un best-seller de Pierre Daco, une manière d'acte chirurgical par lequel l'inconscient serait éradiqué. Simplement, pourrait-on dire, on apprend à « vivre avec » de façon plus heureuse. Ce n'est pas rien, mais ce n'est pas tout. Voilà l'une des faces de ce qu'on a appelé le prétendu pessimisme de Freud : la vie est toujours à recommencer (ce qui donne en même temps une raison d'espérer !). Bien sûr, ce réalisme vient contredire notre soif infantile du paradis. Mais il nous garantit pourtant que la vie est toujours à vivre, car rien n'est figé, même si nous devons compter avec l'héritage psychique de nos parents et notre passé personnel. En ce sens, être libre n'est jamais partir de zéro pour faire *« tout comme on veut »*.

Le second métier qualifié par Freud d'impossible, c'est celui de gouverner. On ne peut en effet jamais aboutir à une organisation sociale définitive garantissant le bonheur pour tous et des rapports de pouvoir équilibrés. Là encore, nourrir cette illusion, c'est refuser de se défaire d'un souhait infantile que les religions et les idéologies politiques exploitent : demain le paradis, au ciel ou sur Terre, promettent-elles.

Pour Freud, éduquer est de même un métier impossible. C'est-à-dire que, contrairement à ce que peuvent nous faire espérer les multiples donneurs de conseils, l'éducation comprend toujours une part d'échec. Le lecteur pourrait objecter qu'il n'était pas la peine d'écrire deux cents pages pour arriver à cette conclusion !

En ces temps où les deux enfants (en moyenne) d'un couple occidental sont souvent ce que celui-ci souhaite « réussir » dans sa vie, alors que les parents s'investissent de plus en plus dans l'avenir de leurs enfants, qu'ils commencent à évaluer leurs performances dès la maternelle, et les contraignent à un entraînement de type sportif pour les amener au succès personnel et professionnel, au moment où tous les aspects de la vie font l'objet d'un apprentissage serré que le climat ambiant de compétition rendrait nécessaire, il est désagréable d'entendre dire que nous serons de toute façon de mauvais entraîneurs ! Mais cette frustration n'est-elle pas nécessaire ?

La trahison nécessaire

Premier constat : c'est parce que les enfants ne sont pas entièrement assujettis au désir des parents que ceux-ci « ratent » leur éducation. En ce sens, il paraît nécessaire que les enfants « trahissent » les parents, c'est-à-dire qu'ils fassent comme bon leur semble. Ils ne reprennent pas intégralement l'héritage familial, ou plutôt ils le reprennent à leur façon. Pour parvenir à leur maturité, il leur faut tuer symboliquement leurs parents, en se libérant de leur autorité. Difficile à accepter, alors qu'on ne leur veut que du bien – en oubliant trop souvent que c'est aussi *notre* bien qu'on leur veut…

Des méfaits du parent idéal

Deuxième constat : rien de plus néfaste qu'un parent parfait. Un adulte qui estime qu'il n'y a rien de mieux sur Terre que ses parents, qui les admire pour leurs inestimables qualités, se condamne deux fois. D'une part, il sera amené à considérer qu'il est peu de chose en comparaison : jamais il ne fera aussi bien qu'eux, jamais il ne sera aussi bien qu'eux. S'il conserve les parents dans ce rôle d'idéal qu'ils eurent lorsqu'il était petit enfant, il ne peut connaître qu'un déficit narcissique. Il se privera d'autre part de la possibilité d'aimer. Comparé à ses parents, jamais personne ne trouvera grâce à ses yeux. Aucun amant, aucune amante n'arrivera à la cheville du père ou de la mère ! Car la libido de l'enfant est alors restée captée par le parent.

Ce que l'on peut qualifier de vol d'enfant est souvent le fait de parents qui présentent des comportements narcissiques tels qu'ils ne supportent pas que l'on prospère autour d'eux. Ils sont souvent charmeurs et habiles à laisser croire qu'il n'y a pas mieux qu'eux-mêmes. S'ils sont efficaces dans leur stratégie affective, et si, de plus, ils ont réussi dans la vie, s'ils ont un statut qui vient confirmer dans la réalité leur prétention à faire tourner le monde autour d'eux, alors l'enfant peut être condamné à rester captif d'une idéalisation qui le vide de lui-même. L'enfant ne peut se sortir de cette situation que s'il réalise, avec douleur, que son parent est en fait incapable de l'aimer, puisqu'il ne peut exercer à son égard qu'une stratégie de possession.

De l’impossibilité d’être un bon parent

Un bon parent est donc celui… qui accepte de ne pas être totalement bon ! Il tolère le fait que, pour son enfant, l’éducation qu’il apporte est forcément imparfaite ; car celui-ci veut la dépasser pour être lui-même. Prendre tout reproche de l’enfant comme une douleur insupportable dont on le rendrait coupable, l’empêcher de développer son esprit critique, s’épuiser à lui démontrer que l’on a raison, revient en fait à une recherche de domination de l’enfant, qui ne devrait pas penser autrement que soi.

Un bon parent est donc un parent qui a parfois tort. De même, il lui arrive d’être injuste. Car un parent qui se dit parfait en matière de justice se déclare être l’idéal fait homme, ou femme. S’il se dit infaillible, il se place en fait en position de tyran. Ce qui n’est pas sans créer des dégâts psychiques pour l’enfant, qui se trouve condamné à une révolte où il ne peut que s’autodétruire… sauf à devenir lui-même tyran ! Si le parent doit chercher à être juste, c’est en acceptant d’être faillible, et donc de remettre parfois en cause ses actes et ses paroles.

Ce n’est pas, bien sûr, une raison pour sombrer dans le laxisme, pour se dire que, puisque l’on aura toujours tort, mieux vaut délaisser l’éducation de son enfant ! Certains parents se trouvent pris dans une alternative dont ils ne voient pas la sortie. En synthèse, ils disent : *« On nous conseille de ne pas être trop autoritaires, alors on laisse faire. Mais quand on laisse faire, on nous dit que nous démissionnons de notre rôle d'autorité... Autrement dit, quoi que l'on fasse, c'est mal ! »* On peut penser que ces parents ont une conception quelque peu totalitaire de l'autorité : ils estiment que faire acte d'autorité, c'est faire de sa volonté la loi pour l'autre. Autrement dit, ils diront facilement : *« C'est la loi parce que je le veux »*, comme le fit un certain Roi-Soleil. Ils estiment que le parent est le monarque absolu dans sa famille, ou rien. Alors que, nous l'avons dit, exercer l'autorité passe pour le parent par le fait qu'il reconnaît qu'il est, lui aussi, soumis à des lois qui le dépassent.

His Majesty the Baby

Car le parent doit accepter de ne pas être tout-puissant. Il ne peut pas protéger son enfant de tout, et lui offrir la vie belle qu'il aurait aimée pour son bambin comme pour lui-même. Le jour venu, quand l'enfant parvient à l'adolescence, le parent doit renoncer à désirer pour son enfant... c'est-à-dire à sa place !

Pourtant, avant même d'être né et parfois d'être conçu, l'enfant est souvent ce que Freud appelle *His Majesty the baby :* nous faisons de lui un roi... à notre service, afin qu'il comble nos manques. Tout ce que nous n'avons pu être, tout ce qui nous a été refusé, tout ce qui nous a été interdit, sera à la disposition de notre enfant ! Sans doute sommes-nous assez réalistes pour ne pas croire à une telle ambition, mais quand même...

> *Il existe devant l'enfant une tendance à suspendre toutes les acquisitions culturelles*

dont on a extorqué la reconnaissance à son propre narcissisme, et à renouveler à son sujet la revendication de privilèges depuis longtemps abandonnés. L'enfant aura la vie meilleure que ses parents, il ne sera pas soumis aux nécessités dont on a fait l'expérience qu'elles dominaient la vie : maladie, mort, renonciation de jouissance, restrictions à sa propre volonté, ne vaudront pas pour l'enfant, les lois de la nature comme celles de la société s'arrêteront devant lui, il sera réellement à nouveau le centre et le cœur de la création[1].

Avec notre enfant, nous retrouvons les souhaits de notre petite enfance que nous avons dû abandonner pour grandir. C'est dire qu'avoir un enfant, c'est revisiter sa propre enfance et se confronter aux questions qui sont restées en suspens.

Un enfant à soi

On l'a dit, nous avons aujourd'hui tendance à attribuer à l'enfant une importance qu'il n'eut jamais dans les temps anciens. Il devient souvent le centre de la famille, les parents investissent la réussite de l'enfant comme un succès personnel, ils veulent tout pour lui. Ainsi l'enfant se trouve-t-il chargé d'une mission qui

1. Sigmund Freud, « Pour introduire le narcissisme », *in La Vie sexuelle*, PUF, 1992.

peut lui sembler un peu lourde à porter… Dans l'éducation traditionnelle, l'enfant devait faire honneur à ses parents ; autrement dit, ne pas démériter, et surtout ne pas leur faire honte. Aujourd'hui, il lui est souvent demandé, de façon subliminale, de rendre ses parents heureux.

On le sait, l'enfant est aujourd'hui un droit que revendiquent les adultes. Il fait partie intégrante d'un droit au bonheur que promettrait la société et dont le pouvoir politique qui la représente joue de façon ambiguë : demain, laisse-t-il croire, on rasera gratis ! C'est pourquoi la médecine doit y pourvoir, ainsi que la loi pour les couples homosexuels. Peut-être confond-on ici le fait d'être heureux, éventuellement dans l'adversité, et un bonheur béat dont on peut repérer l'origine infantile. Dans cette logique postmoderne, l'enfant devient l'équivalent d'un produit de consommation.

Alors, l'enfant devient *« pour moi »* plutôt que pour lui. On attend de lui des satisfactions qu'il ne peut donner qu'en se sacrifiant. Peut-être ici faut-il rappeler une parole forte de Françoise Dolto, que Freud n'aurait sans doute pas contredite. Elle disait que les parents pouvaient tout à fait dire à leur enfant : *« Tu as le droit de ne pas m'aimer, mais moi je t'aime. »* Ce qui est une façon de marquer que l'enfant a la liberté de tout exprimer et d'expérimenter, sans que pour autant il soit mis en danger de ne pas être aimé. Ne pas prendre cette position, en effet, c'est faire du chantage affectif.

Demander d'être aimé par son enfant, c'est également renverser les rapports, et se situer comme enfant vis-à-vis de l'enfant… dont on fait alors un parent ! C'est lui demander de bénéficier d'un amour que ses propres parents n'auraient pas su apporter. Il est sans doute plus difficile de ne pas céder à ce « penchant » quand un parent forme avec l'enfant ce que l'on appelle curieusement une « famille monoparentale ». Soulignons au passage qu'une famille ne peut être de l'ordre du « deux », mais toujours du « trois » : même si un troisième n'est pas présent physiquement, il doit être présent psychiquement pour l'enfant.

2

Comment faire avec la sexualité de nos enfants ?

LA DIFFICULTÉ POUR LE PARENT. – L'INÉVITABLE LIEN ÉROTIQUE. – LA NÉCESSITÉ D'ÊTRE CHASTE. – L'EMPÊCHEUR DE JOUIR EN ROND.

Il y a de la sexualité entre nos enfants et nous. Voilà un message que l'on peut retenir des *Trois Essais sur la théorie sexuelle :* ce qui peut être une bonne raison pour rejeter la psychanalyse ! Car, sur ce point, on a moins progressé depuis un siècle qu'on ne pourrait le penser – si progrès il y a eu. On peut en effet s'estimer *« libéré »* et penser que la sexualité est maintenant débarrassée de ses tabous, que c'est quelque chose de *« naturel »* et de *« normal »*, comme boire et manger… sauf qu'alors, on la rabat sur un simple besoin à satisfaire, en omettant ce qu'il y a en elle d'essentiel : le désir. On en fait un « consommable » parmi d'autres. Cette réduction de sens est un processus pervers qui, en isolant la sensation du sentiment, permet de dénier ce qui se passe affectivement dans la sexualité. On comprend bien que cette attitude n'a rien d'éducatif. Elle peut mener par exemple une mère ou un père à exhiber son sexe devant son fils comme devant sa fille pour lui montrer *« comment cela fonctionne »* (ce que font certains parents)... en ne voulant pas savoir l'effet de séduction et de viol produit sur l'enfant, ni le désir qui sous-tend ce projet soi-disant pédagogique...

La difficulté pour le parent

Il est toujours difficile pour les parents de reconnaître les désirs sexuels de l'enfant. Sans doute parce que cela réveille en nous l'enfant que nous fûmes et que nous avons refoulé suite à l'amnésie infantile évoquée plus haut. Et aussi parce que le désir enfantin représente une tentative de séduction avec laquelle nous sommes parfois mal à l'aise. Remarquons que c'est au prix d'un quiproquo. Nous imaginons le désir sexuel de l'enfant semblable au nôtre. Nous projetons sur lui notre sexualité génitale d'adulte, qui n'a pas grand-chose à voir avec celle de l'enfant. Comprendre cela, c'est ressentir l'« inadéquation » qui existe entre lui et nous, et du même coup, nos désirs n'entrent plus en résonance avec les siens.

Car, on a commencé à le voir, le sexuel chez l'enfant n'est pas génital. C'est une énergie à la recherche d'une satisfaction qui va lui permettre progressivement de développer son intérêt pour les autres et pour le monde, ainsi que ses apprentissages, grâce aux déplacements progressifs de ses plaisirs et de ses sublimations.

En même temps, paradoxalement, cette conscience de la sexualité de notre enfant est justement ce qui va nous permettre d'être chaste avec lui. Si nous pensons, malgré tout ce qu'il manifeste pourtant clairement, que notre enfant est un « petit ange », alors il nous paraîtra anodin de nous promener nu devant lui, de le caresser comme bon nous semble, de tenir des propos salaces en faisant comme s'il n'était pas là – ce qu'il vivra comme autant de tentatives de séduction. Si, au contraire, nous le reconnaissons comme une personne douée de désirs et sujette à des excitations sexuelles, alors nous ne pourrons être que chastes avec lui – c'est-à-dire que notre conduite sera pudique, et que nous respecterons sa pudeur quand elle apparaîtra, à partir de l'âge de trois ans.

L'inévitable lien érotique

Il reste à assumer la dimension érotique avec le bébé, ce que les mères font en général très bien. On l'a dit, chaque tétée est un moment de plaisir érotique pour le bébé (et souvent pour la mère). Et l'intimité de la toilette est propice aux caresses. C'est dans ce contact que l'on peut trouver la source d'un des fantasmes inconscients que l'on appelle « originaire », et que l'on retrouve dans la cure analytique. Originaire, car il met en scène l'origine de la sexualité. C'est un fantasme de séduction, scénario où l'enfant aurait subi passivement une excitation sexuelle produite par un adulte – une scène de traumatisme, car l'enfant est incapable d'intégrer l'excitation éveillée chez lui, de la décharger dans une satisfaction.

À propos de ce fantasme originaire, Freud fait la remarque suivante :

> *Ici le fantasme retrouve le sol de la réalité, car c'est réellement la mère qui a nécessairement provoqué et peut-être même éveillé, dans les organes génitaux, les premières sensations de plaisir, en donnant à l'enfant ses soins corporels.*

Remarquons la nuance apportée : « *provoqué, peut-être même éveillé* ». Si elle l'a provoqué, la mère n'y peut rien, c'est sans doute inévitable. Si elle l'a éveillé, c'est peut-être qu'elle met de la sexualité dans un geste qui devrait se limiter à la tendresse. Françoise Dolto parlera pour sa part de mères pédophiles, c'est-à-dire aimant « trop » leur enfant au point d'en faire inconsciemment leur objet sexuel, comme a pu l'être leur poupée au temps de leur enfance.

La nécessité d'être chaste

On pourrait donc dire qu'en matière de sexualité il faudrait laisser l'enfant à son imaginaire sans y introduire de réalité intentionnelle. C'est-à-dire en s'abstenant de toute séduction réelle. C'est d'ailleurs cette distinction qui marque la naissance de la psychanalyse, dont Freud rend compte dans *Ma vie et la psychanalyse :*

Il me faut faire mention d'une erreur dans laquelle je tombai pendant quelque temps et qui aurait bientôt pu devenir fatale à tout mon labeur. Sous la pression de mon procédé technique d'alors, la plupart de mes patients reproduisaient des scènes de leur enfance, scènes dont la substance était la séduction par un adulte. Chez les patientes, le rôle de séducteur était presque toujours dévolu au père. J'ajoutai foi à ces informations, et ainsi je crus avoir découvert, dans ces séductions précoces de l'enfance, les sources de la névrose ultérieure.

Freud dut se rendre à l'évidence : tous les parents de ses patients n'étaient pas des pervers. Ces scènes étaient des reconstructions imaginaires où se lisait leur désir inconscient plutôt qu'une réalité vécue. Mais Freud pensa que ces constructions partaient toujours d'un élément réel réinterprété. On pourrait ajouter qu'il n'est pas la peine de confirmer ce fantasme dans la réalité par un acte incestueux, sous peine de le sédimenter dans un traumatisme (certes parfois réel).

Être chaste ne signifie pas réprimer la sexualité de son enfant. Une mère qui s'offusquerait de la déclaration amoureuse ou des gestes un peu trop lestes de son bambin se mettrait en fait à son diapason : elle réagirait alors comme face à un amant possible. Ce qui ne veut pas dire qu'il faut tout laisser faire. On peut faire une distinction entre le dire, où tout reste possible, et le faire, où toute sexualité est impossible. Ainsi, assister à la masturbation de son enfant revient pour lui à faire l'amour avec lui. Plutôt que de lui interdire la chose, il serait préférable de s'interdire d'y participer. Ce qui peut se traduire par quelque chose comme : « *Je ne veux pas voir ça.* »

Dans ses rapports avec son enfant, il ne s'agit pas pour la mère de tabler sur sa prétendue innocence pour lui permettre avec elle une tendresse trop rapprochée, ce qui serait un comportement pervers dont ni elle ni l'enfant ne seraient totalement dupes... Elle doit plutôt rappeler sereinement que c'est interdit, que « *ça ne se fait pas* », ajoutant peut-être que c'est seulement avec le père qu'elle fait cela. On l'a vu, il est nécessaire d'énoncer la loi interdisant l'inceste.

Encore faut-il que cette parole s'ancre sur du réel, et que les parents pratiquent pour eux-mêmes cette exclusion de l'enfant de leur scène sexuelle. De sorte que l'enfant sache et ressente que sa mère (ou son père) est liée dans sa chair et dans son désir à son compagnon, dans un lieu où il n'a pas accès. Ce lieu est le corps à corps des parents, dans lequel ils oublient leur enfant – et par extension la chambre conjugale. C'est dire que les (nombreux) parents qui tiennent leur porte ouverte la nuit font participer imaginairement leur enfant à leurs ébats. S'ils n'y pensent pas, lui le vit...

L'empêcheur de jouir en rond

Sur ce terrain de la sexualité, le psychanalyste reste scandaleux. On réagit parfois vis-à-vis de lui comme, dans les familles incestueuses, envers celui qui ose dire ce qui s'y passe : le plus souvent, c'est lui qui se trouve accusé d'avoir de mauvaises pensées ! C'est lui le vicieux ! C'est en effet par lui que le mal arrive.

Tant que cela se passait à bas bruit, dans des actes sans parole, tous les membres de la famille pouvaient se satisfaire de la complicité muette qu'ils partageaient, le plus souvent en ne voulant pas voir ce qu'ils voyaient…

Ce que nous dit la psychanalyse, c'est que, souvent, nous n'avons pas su métaboliser entièrement nos désirs incestueux, c'est-à-dire les sublimer et les transformer en amour pour une autre personne que son père ou sa mère. Une part du désir incestueux reste inconsciente, à l'état refoulé, et cherche à faire retour, à se satisfaire par des symptômes de substitution.

C'est dire qu'au-delà de l'acte sexuel, il est des gestes et des mots qui prennent une signification incestueuse, à quoi il faut être attentif. Si pour le parent cela reste anodin, pour l'enfant ça l'est moins : il perçoit parfaitement, même si cela reste informulable, leur caractère de séduction sexuelle. C'est cette mise en garde que les parents supportent difficilement, allant parfois jusqu'à dire : *« Selon les psychanalystes, il ne faudrait plus avoir de relation avec son enfant ! »* C'est que nous renonçons difficilement à ces plaisirs « innocents ». Quels sont-ils ?

Ce peut être un goût pour la proximité corporelle où le parent ne croit éprouver que de la tendresse : par exemple, la façon qu'a une mère de manipuler sa *« petite poupée »* (garçon ou fille) et de lui faire subir ses impulsions de tendresse ; le besoin d'un père d'avoir un contact corporel avec sa fille ou d'entrer dans des corps à corps avec son fils, sous prétexte de bagarre.

En résumé, tout ce qui crée une grande proximité corporelle ou psychique, telle qu'il en résulte une certaine confusion entre parents et enfants, présente un caractère incestueux. Car, dans ce domaine, les mots peuvent être aussi nocifs que les actes. C'est dire que le sens de la famille, le plaisir de « l'entre-soi » que l'on y trouve, peut être interrogé : l'enfant est alors privé de limites corporelles et psychiques, il n'a pas plus d'intimité de pensée que d'intimité corporelle. Il se trouve sans cesse sous le regard « aimant » du parent qui veut tout savoir de lui. Garder quelque chose pour soi serait trahir la famille ! Difficile pour l'enfant, dans ces conditions, de construire un sentiment de soi, et d'échapper aussi à un sentiment flottant de culpabilité dont l'origine reste indiscernable : il est gêné par ce qui se passe à la maison, et en même temps, ses parents lui ont inculqué que ce qu'il pourrait trouver un peu trouble est tout à fait normal, puisqu'on est *« entre nous »*... Il se trouve empêché de mettre du sens sur ce qui se passe, sauf à passer pour le *« vicieux » :* ainsi, par un curieux paradoxe, si l'enfant veut fermer la porte de la salle de bains pour ne pas être vu par ses parents, ce serait lui qui introduirait la sexualité que ses parents dénient, tout en la mettant en acte dans leur plaisir de le voir nu…

Ce que rappellent les psychanalystes et que les parents ont du mal à entendre peut se résumer en trois points.

Les parents éprouvent des désirs incestueux inconscients. C'est peut-être dans ce sens qu'il faut comprendre la fameuse absence, ou éloignement du père : c'est souvent la seule façon qu'il a trouvée pour protéger son enfant de son propre désir incestueux.

Il est difficile pour un parent de renoncer à la « possession » de son enfant. C'est pourquoi les mères ont souvent besoin d'être aidées à se « décoller » de leur enfant – et les pères à renoncer à l'enfant tel qu'ils veulent le construire.

Enfin, et nous revenons là à notre propos initial, il est difficile pour un parent de comprendre concrètement que son enfant a une sexualité. Quand il la reconnaît, il devient chaste tout naturellement, en actes et en paroles.

3

Être parent, ce n'est pas être analyste

On ne sait pas le vrai sur l'enfant. – Retrouver en soi l'enfant pour écouter son enfant.

On peut nuancer la proposition de Freud, selon laquelle être parent serait un métier. Il ne suffit pas, on le sait bien, d'apprendre des techniques pour être un « pro » dans ce domaine. Pourtant, la presse, l'édition et l'audiovisuel abondent en conseils apportés à des parents qui semblent avoir perdu leurs repères, et ne plus savoir comment faire.

La tentation peut être grande d'utiliser ce livre comme un ensemble de recettes que l'on pourrait appliquer dans l'éducation de ses enfants. Pourquoi ne pas pratiquer avec eux une écoute analytique amateur, et leur prodiguer des interprétations leur dévoilant leur inconscient ? Leur expliquer qu'ils sont amoureux de papa ou de maman ? Qu'ils doivent être « castrés » de leurs pulsions sadiques ? Qu'ils doivent tout dire (comme le fait le patient sur le divan) pour qu'on leur explique quels sont leurs vrais désirs ?

On ne sait pas le vrai sur l'enfant

On le comprend, ce serait se situer comme sachant le vrai sur l'enfant. Pris comme objet d'observation et de savoir, celui-ci se retrouverait déshumanisé, privé d'une vraie relation avec son parent. Il ne serait plus qu'objet, et, comme tel, n'aurait plus son mot à dire. Il se retrouverait confronté à un parent idéal qui sait tout sur tout – c'est-à-dire un persécuteur.

De plus, on ne peut être l'analyste de son enfant tout simplement parce que l'on a un inconscient. Un psychanalyste met pour le moins une bonne dizaine d'années pour prendre de la distance vis-à-vis de son inconscient et de ses transferts, et il conduit la cure dans un dispositif standardisé[1] qui lui évite toute relation dans le réel avec le patient. Il lui faut ces conditions pour commencer à entendre quelque chose. Le parent n'est pas dans ces dispositions vis-à-vis de son enfant. C'est pourquoi jouer à l'analyste avec son enfant revient en fait à agir ses désirs inconscients sans s'en rendre compte. De telle sorte que, lorsque le parent croirait interpréter la sexualité de son enfant, il ne ferait qu'agir la sienne, en toute inconscience !

1. Le dispositif du divan et du fauteuil où le patient ne voit pas l'analyste, la règle de l'association libre pour le patient, et celle de l'abstinence pour l'analyste.

Arrivé à ce point, le lecteur pourrait se demander à quoi peut lui servir ce livre… On aura compris que nous ne proposons pas aux parents d'éduquer leur enfant selon je ne sais quel principe psychanalytique. Ce serait, selon nous, prendre vis-à-vis du parent une position semblable à celle que le parent ne peut pas prendre vis-à-vis de son enfant. Autrement dit, le psychanalyste ne peut pas savoir à la place du parent, il ne détient pas de vérité, c'est le parent qui sait – d'un savoir incertain, toujours à refaire, que la psychanalyse peut l'aider à élaborer, mais sans se mettre à sa place.

Comment ? En lui offrant des repères pour entendre son enfant, pour mieux comprendre quels sont ses émois, ses conflits, ses peurs, ses jouissances, ses demandes, ses intérêts. Afin d'inventer, selon son histoire, ses valeurs, une réponse, pour lui adéquate, à donner à l'enfant.

Retrouver en soi l'enfant pour écouter son enfant

Entendre son enfant, cela ne peut se faire qu'en s'identifiant à lui. On ne peut faire autrement, pour comprendre ce qui se passe pour un autre, que de chercher à se mettre à sa place. Et comme il est différent de nous, ce sera toujours un peu raté, d'une façon ou d'une autre ! Comment trouver cette sensibilité, comprendre ce monde infantile qui n'est plus le nôtre ? En étant capable de retrouver l'enfant en nous. En ce sens, ce livre peut aider le parent à revisiter l'enfant qu'il a été (et qu'il reste toujours dans son inconscient) afin de pouvoir comprendre son enfant. Avec cette réserve : les questions sont les mêmes pour l'enfant et le parent, mais pas les réponses. Autrement dit, ce qui s'est passé pour le parent n'est pas exactement ce qui se passe pour l'enfant. On ne peut plaquer notre passé sur son présent. Car il n'est pas comme nous, il est comme lui !

Une précision : entendre son enfant, ce n'est pas penser comme lui. C'est faire la différence entre la sympathie où, par une sorte de contagion, je deviens comme l'autre, où je ressens en écho, et l'empathie, où j'ai l'intuition de l'autre tout en gardant mon point de vue propre. C'est donc, par exemple, comprendre la douleur que ressent mon enfant quand je pose tel interdit, mais ne pas céder pour autant, sous prétexte de sensibilité et de libéralisme (en fait d'infantilisme : car à ce moment je m'identifierais à lui), tout en tenant compte de sa réaction dans ma façon de poser l'interdit.

Être parent, c'est donc faire le va-et-vient entre sa position d'enfant et sa position d'adulte, autant qu'on le peut. Car il n'est pas aisé de retrouver l'enfant en nous, tout simplement à cause de l'amnésie infantile que nous avons décrite. Et aussi parce qu'il y a toujours un moment où l'on tombe sur le mystère : il y a quelque chose d'incompréhensible dans notre enfant, quelque chose qu'on ne peut comprendre. Il faut alors s'en remettre à lui pour savoir de quoi il s'agit, attendre de lui une explication, une expression, que, de ce fait, on suscite. Parce qu'alors on le reconnaît comme sujet, ce qui implique qu'il y a en lui quelque chose d'étranger, d'incernable, on attend qu'il parle… N'est-ce pas le plus beau moment, que celui de ce dialogue entre deux sujets qui sont alors, l'un et l'autre, pleinement « eux », pleinement entiers dans leur altérité indépassable ?

4

Quelques idées reçues à propos de la psychanalyse

Laissez-les libres ? – Importance du contenant psychique dans la petite enfance – C'est toujours de la faute des parents. – Tout est sexuel.

Ce que la psychanalyse conseille, entend-on dire, c'est de laisser les enfants réaliser tous leurs désirs afin de leur permettre d'épanouir leur personnalité. « *Laissez-les libres* » serait un slogan freudien. Les tenants d'une éducation classique prennent prétexte de cette idée reçue pour critiquer la psychanalyse, et les tenants d'une éducation libertaire en profitent pour se permettre ce qu'ils devraient s'interdire…

Laissez-les libres ?

Répétons-le, tous les psychanalystes après Freud n'ont eu de cesse d'insister sur le rôle structurant des règles et de la loi. J'ai dit, dans le chapitre sur l'œdipe, que c'est l'intégration de la loi qui fait de nous de véritables humains. Encore faut-il préciser de quelle loi il s'agit, et dans quel contexte nous nous trouvons. Ainsi, à l'époque où vivait Freud, la psychanalyse tendait à libérer les patients des abus de la loi. Les symptômes névrotiques prenaient souvent leur source dans une soumission trop forte à une autorité excessive. Les sociétés occidentales avaient alors encore gardé la logique patriarcale héritée des religions chrétienne et juive. Aujourd'hui, dans notre climat de libéralisme triomphant, la psychanalyse est plutôt amenée à tenter de sauvegarder les conditions nécessaires au développement harmonieux de l'enfant, et, pour cela, à aider les parents à retrouver la loi défaillante.

Contrairement à l'idéologie actuelle, il est nécessaire de dire et de répéter que l'enfant est un enfant et non un adulte. On pourrait ajouter, dans le vocabulaire du discours ambiant, qu'il a le droit d'être un enfant, c'est-à-dire d'être irresponsable et de dépendre d'un adulte qui sait pour lui… alors que les parents savent de moins en moins, et sont en mal d'autorité. Ils manquent de références pour apporter un cadre, et pour dire la loi au risque de ne pas se faire aimer.

Importance du contenant psychique dans la petite enfance

De même que le fœtus avant sa naissance a besoin pour se développer du *contenant corporel* que lui apporte sa mère, il a besoin du *contenant psychique* que lui apportent ses parents de sa naissance jusqu'à six ans environ – c'est-à-dire jusqu'au début de la résolution de l'œdipe. Pendant la phase de latence, jusqu'à l'adolescence, l'enfant a également besoin du *contenant social* que lui apportent l'école et les autres institutions et groupes qu'il fréquente.

Donner un contenant, c'est donner des limites à l'enfant, lui définir un champ protégé où il peut évoluer sans crainte, lui permettre de savoir clairement ce qui est permis et ce qui est interdit, ce qu'il est bon de faire ou de ne pas faire, lui permettre de savoir ce qui est dehors et ce qui est dedans, ce qui est à soi et ce qui n'est pas à soi, ce qui est soi et ce qui n'est pas soi. C'est lui épargner pour l'instant la tâche complexe d'avoir à décider par lui-même. Ainsi peut-il acquérir une identité, peut-il puiser une confiance en soi dans l'attention active que lui apportent ses parents.

Paradoxalement, ce n'est que lorsque lui est offert ce cadre qu'il pourra devenir autonome, en s'en débarrassant. Alors que le délinquant est celui qui ne cesse de chercher la loi qu'il n'a pas trouvée, en la provoquant, en la mettant à l'épreuve pour voir si elle tient le coup. Il faut donc offrir à l'enfant un cadre qui tienne. Sans pour autant que la loi posée par les parents soit abusive. On répétera que la loi n'est pas ce que les parents veulent (auquel cas ils ne seraient que des tyrans). La loi, c'est ce à quoi les parents sont aussi soumis, comme leurs enfants, et qu'ils lui transmettent. L'idéologie du libre-échange a aujourd'hui envahi notre univers mental, et se traduit par le désir de faire tout ce que l'on veut comme on le veut. En ce sens, elle s'oppose à l'existence de toute loi. Les parents pénétrés de cette idéologie, quand ils posent des lois à leur enfant, le font sans y croire, voire en apportant à leur enfant un double message : « *Il ne faut pas faire cela, mais tout le monde le fait, moi le premier* »... Autrement dit, quand les parents ont perdu tout idéal, il leur devient difficile de poser un cadre auquel ils croiraient. Être parent commence donc par là : par l'adhésion à des idéaux et des règles. Ce discours paraît aujourd'hui passéiste à plus d'un... du fait de l'idéologie néo-libérale, dont on peut percevoir ici l'effet destructeur. La tâche des parents aujourd'hui n'est pourtant pas de restaurer les modalités anciennes de l'autorité, mais plutôt de trouver de nouvelles façons de l'exercer, notamment par une nouvelle répartition des rôles maternel et paternel... Vaste chantier !

C'est toujours la faute des parents

Une autre idée reçue serait que la psychanalyse accuse les parents d'être responsables des maux de leurs enfants. Tout serait toujours leur faute. Ce qui a amené des associations de parents d'enfants souffrant de maux psychiques, notamment l'autisme, à rejeter toute référence à la psychanalyse.

Cette idée est exactement contraire au fait que le psychanalyste reconnaît avant tout le fait que l'enfant a un désir propre, qu'il est un sujet à part entière, et qu'il n'est donc pas programmé par ses parents.

Cela n'exclut pourtant pas qu'il s'opère une transmission des parents à leur enfant. Le refuser, ce serait refuser le fait que les parents éduquent leurs enfants. Mais surtout la transmission entre générations ne se limite pas à cet acte volontaire. Les psychanalystes, aujourd'hui, parlent de symptômes dont la source remonte à plusieurs générations, parfois au-delà des grands-parents. C'est qu'il y a, des parents aux enfants, une transmission des inconscients. Peut-on, dès lors, dire qu'ils en sont responsables ? On peut plutôt dire qu'ils ne la contrôlent pas, et donc qu'ils ne peuvent en être responsables, encore moins fautifs. Françoise Dolto utilisait une image pour illustrer ce rapport inconscient entre les générations : quand, sur une route, une voiture percute la voiture devant elle parce que la voiture venant derrière l'a percutée, on ne peut tenir le conducteur pour responsable. On peut dire que c'est ce qui se passe, mais cela ne résout pas la question pour le parent : il aimerait tant donner ce qu'il y a de mieux à l'enfant qu'il aimerait maîtriser tout ce qu'il lui donne. Il voudrait recommencer avec lui de zéro l'ordre des générations.

On peut donc dire que les parents apportent à leur enfant un destin, mais que celui-ci le reprend à sa façon ; il en fait son œuvre personnelle. Et ajouter que, dans la mesure où ils parviennent à être conscients de ce qu'ils transmettent, ils peuvent jouer un rôle de filtre actif, et contribuer à interrompre ce qui passait de génération en génération.

Tout est sexuel

On a déjà évoqué cette question, mais il paraît important d'y revenir. Le sexuel, pour Freud, n'est pas seulement le génital.

Pour lui, toute expérience de satisfaction est sexuelle, car elle trouve sa source dans une force libidinale qu'on peut se représenter comme une tension permanente qui cherche à se décharger. Elle trouve à se manifester dans la sensibilité du corps et s'attache selon l'âge à certaines zones stratégiques (des trous qui sont toujours des points de communication avec autrui : la bouche, l'anus, puis le sexe proprement dit), et en même temps dans le psychisme (dans les mots, qui donnent un sens à ce qui est vécu, et dans les fantasmes inconscients). Nous l'avons dit, l'humain est plastique, c'est-à-dire qu'il peut se satisfaire d'à peu près tout. Nous ne sommes pas seulement omnivores, mais aussi et surtout « omni-érotiques » ! L'expérience de plaisir peut s'attacher au pire, mais aussi au meilleur : elle peut se métamorphoser en joie de savoir, bonheur de la tendresse et de la solidarité, plaisir du bonheur de l'autre…

Pas d'humanité, donc, sans Éros ! Pour grandir, il faut que l'enfant connaisse des expériences de satisfaction. Ce qui n'a rien à voir avec la réalisation de la sexualité primaire des affiches publicitaires ou des films X, ni avec une liberté qui serait un laisser-faire. Au contraire, l'éducation vise à permettre à l'enfant de raffiner ses plaisirs, de trouver des voies de sublimation, pour sa libido comme pour ses pulsions agressives. La première de ces sublimations consiste à remplacer le faire par le dire, dans le passage dans la langue : tout bêtement dans le fait de parler, qui se pratique de moins en moins en famille, comme on le sait. Remarquons que le bain de langage télévisuel n'a rien à voir avec une parole que l'enfant s'essaie à articuler pour la dire à un autre qui va lui répondre. Ainsi, la conversation est-elle à la base de l'art d'éduquer. Elle est un fil que l'on tisse tout le jour durant, pour donner sens à tout ce qui est vécu. Remercions donc les femmes (les mères) d'être bavardes, comme on dit !

Conclusion
Que reste-t-il aux parents d'aujourd'hui ?

Quand on songe à l'évolution du rôle des parents en un ou deux siècles, c'est l'image de la peau de chagrin qui vient à l'esprit. Sans cesse, la société, et plus particulièrement l'État, ont grignoté l'espace de l'intimité familiale, au point qu'aujourd'hui où la télé trône au milieu du foyer (parfois émietté en autant de chambres qu'il y a d'enfants, dès lors livrés seuls à cet œil qui ne voit rien !), c'est l'extérieur qui vient dicter ses modes à l'intérieur. Le processus s'est imposé lentement, mais d'une façon qui paraît irréversible. Cela a commencé avec le départ des pères hors du foyer, lors de ce que l'on a appelé abusivement la « révolution » industrielle[1] du XIXe siècle. Jusqu'alors, le père était paysan ou artisan, il travaillait au milieu de ses enfants et l'éducation était véritablement permanente. Il s'est absenté pour aller à l'usine, au bureau. Aujourd'hui, la mère fait de même. L'enfant est donc livré à des éducateurs professionnels, et d'État. L'apprentissage

1. Rien à voir avec la vraie révolution, républicaine celle-là !

intellectuel et professionnel n'est plus assuré par les parents, qui ne transmettent plus que rarement leur métier à leurs enfants. La date symbolique dans ce domaine est 1883, et la loi de l'école obligatoire dans laquelle, selon un mot de Jules Ferry, l'instituteur « *supplée* » le père de famille. De même, avec la conscription, l'État prenait à cette époque en charge l'initiation sociale des garçons. C'est dire que l'enfant devint avant tout fils (fille aussi) de la République. La loi se mêla ensuite de régir les relations entre parents et enfants. En 1935, les pères perdent le droit de correction sur leurs enfants (notamment celui de les faire enfermer) ; depuis, les éducateurs dits « sociaux », payés par la collectivité, interviennent dans les familles pour corriger les carences parentales. Et l'on sait que les familles éducativement déficientes sont aujourd'hui menacées par l'État d'être pénalisées financièrement. Signe peut-être d'une remise en question : ainsi, la collectivité admet-elle qu'elle ne peut prendre totalement en charge l'éducation des enfants, que les parents ont encore un rôle à jouer…

Globalement, donc, c'est la collectivité qui énonce aux enfants ce qu'il est bon de faire et de désirer, et ce qui est interdit. Du moins elle le tente, avec plus ou moins de bonheur. À tel point qu'on peut se poser la question : qu'est-ce que les parents ont encore aujourd'hui à transmettre, que personne d'autre ne peut faire à leur place ?

Sur ce point, la psychanalyse, cent cinquante ans après la naissance de Freud, apporte sa contribution. Ce que les parents transmettent, c'est quelque chose de la singularité individuelle de l'enfant, qui trouve ses sources dans l'histoire familiale, les agencements de désirs personnels qui l'ont composée, génération après génération. Ce qu'ils transmettent encore plus a trait à la question de l'œdipe et de l'inceste. C'est ce que Philippe Julien appelle *« la loi du désir*[1] », que l'on peut illustrer par l'image d'une porte close sur l'intimité des parents, qui restera à jamais un secret. Encore faut-il que les parents aient reconnu leur propre intimité – c'est-à-dire qu'ils sachent qu'ils ne seront jamais transparents pour leur conjoint, et que celui-ci ne le sera jamais pour eux, qu'ils resteront en quelque sorte étrangers l'un à l'autre. Sinon, ils chercheraient à recréer entre eux la fusion primitive du bébé avec sa mère, et à y inclure leurs enfants.

L'art de l'éducation pourrait donc se résumer à ce trait : savoir aimer son conjoint. Et donc exclure l'enfant de la relation de désir que nouent les parents. Ce que l'enfant ressent comme une trahison lui apporte un bienfait essentiel : cela lui permet de ne pas rester dans une dette perpétuelle vis-à-vis de ses parents « qui lui ont tant donné ». Étant exclu par ses parents de leur intimité, il pourra lui aussi les oublier en allant aimer ailleurs… C'est ce que l'on peut lui souhaiter de mieux !

1. Philippe Julien, *Tu quitteras ton père et ta mère*, Aubier, 2000.

Éléments de bibliographie

ANCELIN SCHÜTZENBERGER Anne, *Aïe ! Mes aïeux !*, Desclée de Brouwer, 1993.

BATAILLE Georges, *La Part maudite*, Éditions de Minuit, 1967.

FREUD Sigmund, *Trois Essais sur la théorie sexuelle*, Gallimard, 1987.

— *Cinq Psychanalyses*, PUF, 1954.

— *Essais de psychanalyse*, Payot, 1963.

— *L'Inquiétante Étrangeté et autres essais*, Gallimard, 1985.

— *L'Interprétation des rêves*, PUF, 1967.

— *Introduction à la psychanalyse*, Payot, 2004.

— *Malaise dans la civilisation*, PUF, 1973.

— *Ma vie et la psychanalyse*, Gallimard, 1949.

— *La Naissance de la psychanalyse*, PUF, 1991.

— *Névrose, psychose et perversion*, PUF, 1999.

— *Nouvelles Conférences d'introduction à la psychanalyse*, Gallimard, 1989.

— *La Vie sexuelle*, PUF, 1992.

JONES Ernest, *La Vie et l'Œuvre de Sigmund Freud*, PUF, 1992.

JULIEN Philippe, *Tu quitteras ton père et ta mère*, Aubier, 2000.

LANDAU Tamara, *L'Impossible Naissance ou l'enfant enclavé*, Imago, 2004.

LIAUDET Jean-Claude, *Le Complexe d'Ubu ou la névrose libérale*, Fayard, 2004.

— *Dolto expliquée aux parents*, L'Archipel, 1998.

RODRIGUÉ Emilio, *Freud, Le Siècle de la psychanalyse*, Payot, 2000.

ROUDINESCO Élisabeth, *Histoire de la psychanalyse*, Seuil, 1986.

ZAGDOUN Roger, *Droite et gauche, paranoïaques et déprimés*, Encre, 1986.

Remerciements

Je remercie Agnès Salomon pour ses conseils techniques et Mathias Lair pour ses conseils rédactionnels, ainsi que Caroline Fleur.

TABLE DES MATIÈRES

II LES GRANDS MOMENTS DE L'HISTOIRE INDIVIDUELLE SELON FREUD

III ÊTRE PARENT AVEC FREUD

Enfants & famille

La cause des adolescents
Françoise DOLTO
Pocket n° 11897

Voyage au cœur de la galaxie des adolescents. Comment les aider dans leur « mort à l'enfance » et les guider dans cette période douloureuse ? Échec scolaire, drogue, découverte de la sexualité : Françoise Dolto évoque avec intelligence tous ces problèmes – qui sont aussi ceux de la société – et apporte des solutions.

Vivre avec elle
Maryse VAILLANT & Judith LEROY
Pocket n° 13114

Comment réagir lorsqu'une relation mère-fille passe du « vivre ensemble », dans la complicité et le partage, au vivre avec elle, dans le conflit et les malentendus ? À quatre mains, Maryse Vaillant et sa fille Judith Vaillant reviennent sur ces années de turbulences adolescentes dans lesquelles chacun(e) reconnaîtra un peu de son histoire.

Pour en savoir plus : www.pocket.fr

Composé par Nord Compo Multimedia
7, rue de Fives, 59650 Villeneuve-d'Ascq

Impression réalisée sur Presse Offset par

CPI
Brodard & Taupin

48708 – La Flèche (Sarthe), le 04-09-2008
Dépôt légal : septembre 2008

POCKET – 12, avenue d'Italie - 75627 Paris cedex 13

Imprimé en France